之江新語

習近平

出 版 説 明

　　中共十九大把習近平新時代中國特色社會主義思想確立為中國共產黨必須長期堅持的指導思想，實現了中國共產黨指導思想又一次與時俱進，為決勝全面建成小康社會、開啟全面建設社會主義現代化國家新征程、實現中華民族偉大復興提供了行動指南，也為推動構建人類命運共同體、促進人類和平與發展崇高事業貢獻了中國智慧和中國方案。習近平是習近平新時代中國特色社會主義思想的主要創立者。浙江是習近平新時代中國特色社會主義思想的重要萌發地。

　　本書收錄了習近平在浙江擔任省委書記期間，從 2003 年 2 月至 2007 年 3 月在《浙江日報》"之江新語"專欄發表的 232 篇短論。這些短論鮮明提出了推進浙江經濟社會科學發展的正確主張，及時回答了現實生活中人民群眾最關心的一些問題，集中展現了習近平在省域層面對中國特色社會主義的理論創新和實踐探索成果，深刻反映了習近平新時代中國特色社會主義思想在浙江的萌發脈絡。

　　本書簡體中文版自 2007 年 8 月出版、2013 年再版重印以來，深受廣大讀者喜愛。為回應國際社會關切，為當今國際社會更好地了解習近平新時代中國特色社會主義思想，現推出《之江新語》繁體版。為便於讀者閱讀，增進對中國社會制度、歷史文化和浙江經濟文化的了解，作了必要的註釋，附於篇末。

目 錄

二〇〇三年

調研工作務求"深、實、細、準、效"（二〇〇三年二月二十五日）………002

不能在"溫室"裏培養幹部（二〇〇三年六月十六日）………………003

不求"官"有多大，但求無愧於民（二〇〇三年六月十八日）…………004

把幫扶困難群眾放到更突出的位置（二〇〇三年七月八日）……………006

路就在腳下（二〇〇三年七月十一日）………………………………008

理論學習要有三種境界（二〇〇三年七月十三日）……………………009

樹立五種崇高情感（二〇〇三年七月十七日）…………………………011

大事講原則，小事講風格（二〇〇三年七月十八日）…………………013

文化產品也要講"票房價值"（二〇〇三年七月二十日）………………014

不要引導領導幹部當"滿票幹部"（二〇〇三年七月二十一日）…………015

引進人才要防止"近親繁殖"（二〇〇三年八月二日）…………………016

抗旱要"目中有人"（二〇〇三年八月七日）……………………………017

環境保護要靠自覺自為（二〇〇三年八月八日）………………………018

利用民資大有潛力（二〇〇三年八月十一日）…………………………019

兩條腿走路好（二〇〇三年八月十二日）………………………………020

把好事辦好（二〇〇三年八月二十三日）⋯⋯⋯⋯⋯⋯⋯⋯⋯021

搞試點要"大膽設想小心求證"（二〇〇三年九月十日）⋯⋯⋯⋯⋯022

努力打造"信用浙江"（二〇〇三年九月十五日）⋯⋯⋯⋯⋯⋯⋯023

加強對西湖文化的保護（二〇〇三年九月二十九日）⋯⋯⋯⋯⋯⋯024

要有世界眼光和戰略思維（二〇〇三年十一月六日）⋯⋯⋯⋯⋯⋯025

打好"團結牌"（二〇〇三年十一月十一日）⋯⋯⋯⋯⋯⋯⋯⋯026

多種聲音和一首樂曲（二〇〇三年十一月十三日）⋯⋯⋯⋯⋯⋯⋯028

共演一台"二人轉"的好戲（二〇〇三年十一月十七日）⋯⋯⋯⋯029

多雙"眼睛"選賢任能（二〇〇三年十一月二十一日）⋯⋯⋯⋯⋯030

政聲人去後，民意閒談中（二〇〇三年十一月二十四日）⋯⋯⋯⋯031

二〇〇四年

心無百姓莫為"官"（二〇〇四年一月五日）⋯⋯⋯⋯⋯⋯⋯⋯⋯034

要講究領導藝術（二〇〇四年一月十三日）⋯⋯⋯⋯⋯⋯⋯⋯⋯036

珍惜在位時（二〇〇四年一月十五日）⋯⋯⋯⋯⋯⋯⋯⋯⋯⋯⋯037

求真務實要出實招（二〇〇四年二月三日）⋯⋯⋯⋯⋯⋯⋯⋯⋯038

要看 GDP，但不能唯 GDP（二〇〇四年二月八日）⋯⋯⋯⋯⋯⋯039

形勢越好，越要求真務實（二〇〇四年二月二十三日）⋯⋯⋯⋯⋯040

抓而不實，等於白抓（二〇〇四年二月二十六日）⋯⋯⋯⋯⋯⋯⋯041

凡是為民造福的事一定要千方百計辦好（二〇〇四年二月二十七日）⋯⋯043

樹政績的根本目的是為人民謀利益（二〇〇四年三月三日）⋯⋯⋯⋯044

成功之道在於鍥而不捨 (二〇〇四年三月八日) ⋯⋯⋯⋯⋯⋯⋯⋯045

搶抓戰略機遇期要有歷史緊迫感 (二〇〇四年三月十八日) ⋯⋯⋯⋯046

既要 GDP，又要綠色 GDP (二〇〇四年三月十九日) ⋯⋯⋯⋯⋯⋯047

小事小節是一面鏡子 (二〇〇四年三月二十日) ⋯⋯⋯⋯⋯⋯⋯048

順利時更應防驕躁 (二〇〇四年三月二十二日) ⋯⋯⋯⋯⋯⋯⋯050

發展出題目，改革做文章 (二〇〇四年三月二十五日) ⋯⋯⋯⋯⋯051

努力具備符合時代要求的知識結構 (二〇〇四年三月二十九日) ⋯⋯052

人無壓力輕飄飄 (二〇〇四年四月六日) ⋯⋯⋯⋯⋯⋯⋯⋯⋯⋯054

要跳出"三農"抓"三農" (二〇〇四年四月九日) ⋯⋯⋯⋯⋯⋯055

實現經濟發展和生態建設雙贏 (二〇〇四年四月十二日) ⋯⋯⋯⋯056

從全局高度統籌城鄉發展 (二〇〇四年四月十九日) ⋯⋯⋯⋯⋯⋯057

要樹立新的穩定觀 (二〇〇四年四月二十日) ⋯⋯⋯⋯⋯⋯⋯⋯058

機遇總是垂青勇於競爭的人 (二〇〇四年五月一日) ⋯⋯⋯⋯⋯⋯059

讓生態文化在全社會扎根 (二〇〇四年五月八日) ⋯⋯⋯⋯⋯⋯⋯060

生態省建設是一項長期戰略任務 (二〇〇四年五月十一日) ⋯⋯⋯⋯061

要拎著"烏紗帽"為民幹事 (二〇〇四年五月十二日) ⋯⋯⋯⋯⋯063

維護社會和諧穩定同樣是政績 (二〇〇四年五月十七日) ⋯⋯⋯⋯065

要"平安"，不要"平庸" (二〇〇四年五月十九日) ⋯⋯⋯⋯⋯067

面對面做好群眾工作 (二〇〇四年五月二十四日) ⋯⋯⋯⋯⋯⋯068

領導幹部要歡迎輿論監督 (二〇〇四年五月二十六日) ⋯⋯⋯⋯⋯069

辦節要降溫 (二〇〇四年五月二十八日) ⋯⋯⋯⋯⋯⋯⋯⋯⋯⋯070

努力提高新聞質量和水平 (二〇〇四年六月十一日) ⋯⋯⋯⋯⋯⋯071

要把困難當作機遇 (二〇〇四年六月十四日)…………………072

領導幹部要有良好的精神狀態 (二〇〇四年六月十六日)…………074

辦法就在群眾中 (二〇〇四年六月二十一日)…………………075

要學會十指彈琴 (二〇〇四年六月二十三日)…………………076

注意保護和調動基層幹部積極性 (二〇〇四年六月二十五日)………077

成才必須先學做人 (二〇〇四年七月十九日)…………………078

認真實施關係億萬家庭切身利益的民心工程
(二〇〇四年七月二十一日)……………………………………079

精神文明建設要 "從娃娃抓起" (二〇〇四年七月二十三日)………080

對腐敗多發領域要加強防範 (二〇〇四年七月二十六日)…………082

關口前移，懲防並舉 (二〇〇四年七月二十七日)…………………083

努力把 "不能為、不敢為、不想為" 的工作抓實做細
(二〇〇四年八月二日)…………………………………………084

莫把制度當 "稻草人" 擺設 (二〇〇四年八月六日)………………085

在更大的空間內實現更大發展 (二〇〇四年八月十日)……………086

既看經濟指標，又看社會人文環境指標 (二〇〇四年八月二十六日)……087

發展旅遊經濟要堅持創新與繼承相統一 (二〇〇四年九月三十日)………088

重視打造旅遊精品 (二〇〇四年十月八日)…………………………089

發展 "無煙工業" 也要可持續發展 (二〇〇四年十月九日)…………090

領導下訪是一舉多得的有益創舉 (二〇〇四年十月十一日)…………091

基層幹部要把好信訪第一道崗 (二〇〇四年十月十三日)…………092

領導下訪必須注重實效 (二〇〇四年十月十五日)…………………093

領導下訪的方式方法要不斷深化 (二〇〇四年十月十八日)…………094

越是領導幹部，越要廉潔自律 (二〇〇四年十月二十一日) ·················095

靠勞動創造財富，讓知識成為力量 (二〇〇四年十月二十六日) ·········096

思想認識上的收穫更有長遠意義 (二〇〇四年十一月十日) ··············098

執政意識和執政素質至關重要 (二〇〇四年十一月十五日) ···············099

吃透精神而不照抄照搬 (二〇〇四年十一月二十二日) ··················100

立足當前，著眼長遠 (二〇〇四年十一月二十四日) ····················101

要甘於做鋪墊之事 (二〇〇四年十一月二十六日) ·····················102

落實才能出成績 (二〇〇四年十一月二十九日) ·······················103

在土地問題上要長期從緊過日子 (二〇〇四年十二月三日) ··············104

基層幹部的分量 (二〇〇四年十二月六日) ···························105

處理好三對時間關係 (二〇〇四年十二月八日) ·······················106

做長欠發達地區這塊 "短板" (二〇〇四年十二月十日) ················107

發展觀決定發展道路 (二〇〇四年十二月十六日) ·····················109

推動我省經濟佈局不斷優化 (二〇〇四年十二月二十四日) ··············110

物質文明與精神文明要協調發展 (二〇〇四年十二月二十七日) ···········111

虛功一定要實做 (二〇〇四年十二月三十日) ·························112

二〇〇五年

抓與不抓大不相同 (二〇〇五年一月四日) ···························114

壓力與動力是可以相互轉化的 (二〇〇五年一月五日) ··················115

努力打造 "品牌大省" (二〇〇五年一月七日) ························116

務必執政為民重"三農" (二〇〇五年一月十日) ……………………117

務必以人為本謀"三農" (二〇〇五年一月十一日) …………………119

務必統籌城鄉興"三農" (二〇〇五年一月十二日) …………………120

務必改革開放促"三農" (二〇〇五年一月十三日) …………………122

務必求真務實抓"三農" (二〇〇五年一月十四日) …………………124

"潛績"與"顯績" (二〇〇五年一月十七日) …………………………126

大力發展高效生態農業 (二〇〇五年一月十七日) …………………127

工作傾斜基層 (二〇〇五年一月二十七日) …………………………128

執政重在基層 (二〇〇五年一月三十一日) …………………………129

更多地關愛基層 (二〇〇五年二月二日) ……………………………131

用思想武器管好自己 (二〇〇五年二月四日) ………………………132

要用人格魅力管好自己 (二〇〇五年二月七日) ……………………133

領導幹部必須做到"守土有責" (二〇〇五年二月十六日) …………134

發展不能走老路 (二〇〇五年二月十八日) …………………………135

積小勝為大勝 (二〇〇五年二月二十一日) …………………………137

建設資源節約型社會是一場社會革命 (二〇〇五年二月二十三日) ………138

平安和諧是落實科學發展觀題中之義 (二〇〇五年二月二十五日) ………139

將服務業培育壯大為"主動力產業" (二〇〇五年三月十日) …………141

突出選商引資 (二〇〇五年三月十六日) ……………………………143

宜輕則輕，宜重則重 (二〇〇五年三月十八日) ……………………144

跳出浙江發展浙江 (二〇〇五年三月二十一日) ……………………145

重視進口的作用 (二〇〇五年三月二十三日) ………………………147

增強走在前列的意識 (二○○五年三月二十三日) ·························148

先進性教育重在"強身健體" (二○○五年三月二十五日) ·················149

牢記科學發展的使命 (二○○五年三月三十日) ·······················151

樹立和諧社會的理念 (二○○五年四月四日) ·························152

弘揚求真務實的精神 (二○○五年四月六日) ·························153

從"倒逼"走向主動 (二○○五年四月十五日) ·······················154

批評與自我批評要動真格 (二○○五年四月二十五日) ·················155

一個黨員就是"一面旗" (二○○五年四月二十七日) ·················157

人生本平等，職業無貴賤 (二○○五年四月二十九日) ···············158

做人民群眾的貼心人 (二○○五年五月九日) ·······················160

發展循環經濟要出實招 (二○○五年五月十一日) ···················161

努力建設環境友好型社會 (二○○五年五月十六日) ·················162

化壓力為動力 (二○○五年五月三十日) ·····························163

保持先進性就是走在前列 (二○○五年六月一日) ···················164

不畏艱難向前走 (二○○五年六月二十日) ·························165

善於同群眾說話 (二○○五年六月二十九日) ·······················167

堅持效率優先兼顧公平 (二○○五年七月一日) ·····················168

文化是靈魂 (二○○五年八月十二日) ·······························170

文化育和諧 (二○○五年八月十六日) ·······························172

文風體現作風 (二○○五年八月十九日) ·····························173

理想責任價值也要重在實踐 (二○○五年八月二十二日) ···············175

綠水青山也是金山銀山 (二○○五年八月二十四日) ·················176

調查研究就像"十月懷胎" (二〇〇五年八月二十六日) ⋯⋯⋯⋯⋯⋯⋯177

大力弘揚抗颱救災精神 (二〇〇五年九月十五日) ⋯⋯⋯⋯⋯⋯⋯⋯⋯179

完善社會動員機制 (二〇〇五年九月十九日) ⋯⋯⋯⋯⋯⋯⋯⋯⋯⋯⋯180

堅持科學維權觀 (二〇〇五年九月二十六日) ⋯⋯⋯⋯⋯⋯⋯⋯⋯⋯⋯181

轉變經濟增長方式的辯證法 (二〇〇五年十一月二十三日) ⋯⋯⋯⋯⋯182

超越自我、完善自我、再造自我 (二〇〇五年十一月二十五日) ⋯⋯⋯184

實施素質教育是建設創新型國家的基礎 (二〇〇五年十二月七日) ⋯⋯185

區域協調發展要注重抓"兩頭" (二〇〇五年十二月九日) ⋯⋯⋯⋯⋯186

著力調整投資和消費的關係 (二〇〇五年十二月十二日) ⋯⋯⋯⋯⋯⋯187

二〇〇六年

調查研究要點面結合 (二〇〇六年一月九日) ⋯⋯⋯⋯⋯⋯⋯⋯⋯⋯⋯190

"三化"帶"三農",城鄉共繁榮 (二〇〇六年一月二十三日) ⋯⋯⋯192

科技創新是建設節約型社會的關鍵 (二〇〇六年一月二十五日) ⋯⋯⋯193

結構調整是建設節約型社會的根本 (二〇〇六年二月七日) ⋯⋯⋯⋯⋯194

深化改革是建設節約型社會的動力 (二〇〇六年二月九日) ⋯⋯⋯⋯⋯196

加強監管是建設節約型社會的保障 (二〇〇六年二月十三日) ⋯⋯⋯⋯197

機關表率是建設節約型社會的重點 (二〇〇六年二月十五日) ⋯⋯⋯⋯198

多讀書,修政德 (二〇〇六年二月十七日) ⋯⋯⋯⋯⋯⋯⋯⋯⋯⋯⋯⋯199

激濁揚清正字當頭 (二〇〇六年二月二十日) ⋯⋯⋯⋯⋯⋯⋯⋯⋯⋯⋯201

敬業樂業為美德 (二〇〇六年二月二十二日) ⋯⋯⋯⋯⋯⋯⋯⋯⋯⋯⋯203

樂在人和 (二〇〇六年二月二十四日)‥‥‥‥‥‥‥‥‥‥‥‥204

做人做事要力戒浮躁 (二〇〇六年二月二十七日)‥‥‥‥‥‥206

求知善讀，貴耳重目 (二〇〇六年三月一日)‥‥‥‥‥‥‥‥208

勇攀科學發展高峰 (二〇〇六年三月三日)‥‥‥‥‥‥‥‥‥210

從"兩隻手"看深化改革 (二〇〇六年三月十七日)‥‥‥‥‥212

從"兩隻鳥"看結構調整 (二〇〇六年三月二十日)‥‥‥‥‥214

從"兩座山"看生態環境 (二〇〇六年三月二十三日)‥‥‥‥216

從"兩種人"看"三農"問題 (二〇〇六年三月二十七日)‥‥218

重中之重是"三農" (二〇〇六年四月十二日)‥‥‥‥‥‥‥220

以發展強村 (二〇〇六年四月十四日)‥‥‥‥‥‥‥‥‥‥‥221

靠建設美村 (二〇〇六年四月十九日)‥‥‥‥‥‥‥‥‥‥‥223

抓反哺富村 (二〇〇六年四月二十一日)‥‥‥‥‥‥‥‥‥‥225

促改革活村 (二〇〇六年四月二十四日)‥‥‥‥‥‥‥‥‥‥227

講文明興村 (二〇〇六年四月二十六日)‥‥‥‥‥‥‥‥‥‥228

建法治安村 (二〇〇六年四月二十八日)‥‥‥‥‥‥‥‥‥‥230

強班子帶村 (二〇〇六年四月三十日)‥‥‥‥‥‥‥‥‥‥‥232

"四位一體"的辯證統一 (二〇〇六年五月八日)‥‥‥‥‥‥233

法治：新形勢的新要求 (二〇〇六年五月十日)‥‥‥‥‥‥‥234

市場經濟必然是法治經濟 (二〇〇六年五月十二日)‥‥‥‥‥235

和諧社會本質上是法治社會 (二〇〇六年五月十五日)‥‥‥‥236

弘揚法治精神，形成法治風尚 (二〇〇六年五月十七日)‥‥‥237

堅持法治與德治並舉 (二〇〇六年五月十九日)‥‥‥‥‥‥‥239

黨的領導是法治的根本保證 (二〇〇六年五月二十二日) ⋯⋯⋯⋯⋯⋯240

講黨性、強責任、樹正氣、守紀律 (二〇〇六年五月二十四日) ⋯⋯⋯⋯241

"浙商文化"是浙商之魂 (二〇〇六年六月十六日) ⋯⋯⋯⋯⋯⋯⋯⋯⋯242

選商引資要做"合"字文章 (二〇〇六年六月十九日) ⋯⋯⋯⋯⋯⋯⋯⋯243

要善於抓典型 (二〇〇六年七月二十日) ⋯⋯⋯⋯⋯⋯⋯⋯⋯⋯⋯⋯⋯245

困境之中見精神 (二〇〇六年七月二十一日) ⋯⋯⋯⋯⋯⋯⋯⋯⋯⋯⋯247

一切為民者,則民嚮往之 (二〇〇六年七月二十四日) ⋯⋯⋯⋯⋯⋯⋯⋯249

要善於學典型 (二〇〇六年七月二十六日) ⋯⋯⋯⋯⋯⋯⋯⋯⋯⋯⋯⋯251

建設新農村要體現科學發展理念 (二〇〇六年九月六日) ⋯⋯⋯⋯⋯253

建設新農村要體現因地制宜原則 (二〇〇六年九月八日) ⋯⋯⋯⋯⋯254

從規劃開始強化特色 (二〇〇六年九月十一日) ⋯⋯⋯⋯⋯⋯⋯⋯⋯⋯255

越是艱苦環境,越能磨煉幹部品質 (二〇〇六年九月十三日) ⋯⋯⋯⋯256

破解經濟發展和環境保護的"兩難"悖論 (二〇〇六年九月十五日) ⋯⋯258

社會發展是構建和諧社會的關鍵 (二〇〇六年十月九日) ⋯⋯⋯⋯⋯⋯260

基層矛盾要用基層民主的辦法來解決 (二〇〇六年十月十一日) ⋯⋯⋯261

科學發展首先要安全發展 (二〇〇六年十月十三日) ⋯⋯⋯⋯⋯⋯⋯⋯262

換屆考驗領導幹部的黨性 (二〇〇六年十月二十日) ⋯⋯⋯⋯⋯⋯⋯⋯263

敢於負責、善於負責 (二〇〇六年十月二十四日) ⋯⋯⋯⋯⋯⋯⋯⋯⋯264

堅持對上負責與對下負責的一致性 (二〇〇六年十月二十六日) ⋯⋯⋯266

"文化經濟"點亮浙江經濟 (二〇〇六年十月三十日) ⋯⋯⋯⋯⋯⋯⋯268

"浙江人經濟"拓展浙江經濟 (二〇〇六年十一月一日) ⋯⋯⋯⋯⋯⋯269

問題就是時代的口號 (二〇〇六年十一月二十四日) ⋯⋯⋯⋯⋯⋯⋯⋯271

防止不穩定因素成為“慢性病”(二〇〇六年十一月二十七日)⋯⋯⋯⋯273

正確處理新形勢下的人民內部矛盾 (二〇〇六年十一月二十九日)⋯⋯⋯274

打牢基層維護社會穩定的第一線平台 (二〇〇六年十二月一日)⋯⋯⋯276

不興偽事興務實 (二〇〇六年十二月四日)⋯⋯⋯⋯⋯⋯⋯⋯⋯⋯277

抓落實如敲釘子 (二〇〇六年十二月六日)⋯⋯⋯⋯⋯⋯⋯⋯⋯⋯279

掌握正確的工作方法 (二〇〇六年十二月八日)⋯⋯⋯⋯⋯⋯⋯⋯281

為政者需要學與思 (二〇〇六年十二月十一日)⋯⋯⋯⋯⋯⋯⋯⋯282

二〇〇七年

為民辦實事旨在為民 (二〇〇七年一月五日)⋯⋯⋯⋯⋯⋯⋯⋯⋯⋯286

為民辦實事重在辦事 (二〇〇七年一月六日)⋯⋯⋯⋯⋯⋯⋯⋯⋯⋯287

為民辦實事成於務實 (二〇〇七年一月七日)⋯⋯⋯⋯⋯⋯⋯⋯⋯⋯288

在學習中深化認識，在實踐中提升境界 (二〇〇七年一月八日)⋯⋯⋯289

正確理解“好”與“快” (二〇〇七年一月十日)⋯⋯⋯⋯⋯⋯⋯⋯290

強本還須節用 (二〇〇七年一月十二日)⋯⋯⋯⋯⋯⋯⋯⋯⋯⋯⋯291

推進企業社會責任建設 (二〇〇七年一月十五日)⋯⋯⋯⋯⋯⋯⋯⋯293

在慈善中積累道德 (二〇〇七年一月十七日)⋯⋯⋯⋯⋯⋯⋯⋯⋯⋯295

要“和”才能“合” (二〇〇七年一月十九日)⋯⋯⋯⋯⋯⋯⋯⋯⋯⋯297

要“民主”，還要“集中” (二〇〇七年一月二十二日)⋯⋯⋯⋯⋯⋯⋯298

要“幹事”，更要“乾淨” (二〇〇七年一月二十四日)⋯⋯⋯⋯⋯⋯⋯299

主僕關係不容顛倒 (二〇〇七年二月五日)⋯⋯⋯⋯⋯⋯⋯⋯⋯⋯300

做人與做官 (二〇〇七年二月七日)‥‥‥‥‥‥‥‥‥‥‥‥‥‥302

權力是個神聖的東西 (二〇〇七年二月九日)‥‥‥‥‥‥‥‥‥‥304

生活情趣非小事 (二〇〇七年二月十二日)‥‥‥‥‥‥‥‥‥‥‥306

群眾呼聲是作風建設的第一信號 (二〇〇七年三月十九日)‥‥‥‥307

領導幹部是作風建設的主體 (二〇〇七年三月二十一日)‥‥‥‥‥309

新官上任要善於"瞻前"、注意"顧後" (二〇〇七年三月二十三日)‥‥‥311

領導幹部要放下"架子"、做好"樣子" (二〇〇七年三月二十四日)‥‥‥312

既重務實，又善務虛 (二〇〇七年三月二十四日)‥‥‥‥‥‥‥‥314

"書呆子"現象要不得 (二〇〇七年三月二十五日)‥‥‥‥‥‥‥316

追求"慎獨"的高境界 (二〇〇七年三月二十五日)‥‥‥‥‥‥‥317

二〇〇三年

調研工作務求 "深、實、細、準、效"

（二〇〇三年二月二十五日）

現在全省上下大興調查研究之風，各級領導幹部在調研工作中，一定要保持求真務實的作風，努力在求深、求實、求細、求準、求效上下工夫。

"深"，就是要深入群眾，深入基層，善於與工人、農民、知識分子和社會各界人士交朋友，到田間、廠礦、群眾和社會各層面中去解決問題。"實"，就是作風要實，做到輕車簡從，簡化公務接待，真正做到聽實話、摸實情、辦實事。"細"，就是要認真聽取各方面的意見，深入分析問題，掌握全面情況。"準"，就是不僅要全面深入細緻地了解實際情況，更要善於分析矛盾、發現問題，透過現象看本質，把握規律性的東西。"效"，就是提出解決問題的辦法要切實可行，制定的政策措施要有較強操作性，做到出實招，見實效。

不能在"溫室"裏培養幹部

（二〇〇三年六月十六日）

現在在一些地方，有的幹部被列為後備幹部、成為培養的"苗子"後，組織上就很願意為他設好"台階"，鋪好"路子"，而恰恰忽略了把他放到艱苦的崗位上去磨煉；如果組織上真的把他放到艱苦的崗位上，他本人往往認為是對他的不信任。這其實是幹部培養工作的一大誤區。

好鋼要用在刀刃上，"千里馬"要在大風大浪中經受考驗，後備幹部不能放在"溫室"裏去刻意培養。"天將降大任於是人也"[1]，必先以磨難歷練他，這樣才能"增益其所不能"[2]。不經歷風雨，怎能見彩虹？

選"千里馬"，要在競賽中挑選。對後備幹部要注重在艱苦崗位、複雜的環境中去鍛煉、識別。鋪"路子"不如壓"擔子"，這才是培養幹部的好辦法。

【註釋】

[1] 見《孟子·告子下》。《孟子》是中國儒家經典之一，是戰國時期孟子的言論彙編，為孟子與其弟子共同編纂而成。同《論語》、《大學》、《中庸》合稱為"四書"。

[2] 參見《孟子·告子下》。

不求"官"有多大，但求無愧於民

（二〇〇三年六月十八日）

　　有的幹部辭職下海了，還"無車彈鋏怨馮驩"[1]，抱怨組織上給他的"平台"不夠大。多大的"平台"才夠呢？平心而論，一個幹部當到了縣裏的主要領導，就不能說是"大材小用"、"英雄無用武之地"了。

　　做人要有人品，當"官"要有"官德"。當幹部的，不能老是想著自己的升遷。"莫道昆明池水淺"[2]，一個幹部，無論處在什麼崗位，只要心繫群眾，都可以做出一番事業來。縣委書記的榜樣焦裕祿[3]，"官"有多大？但他的形象是十分高大的。當幹部，不求"官"有多大，但求無愧於民。同時，一個幹部的能耐有多大，最終人民群眾看得清清楚楚，組織上也明白。是"錐子"總會脫穎而出的。

　　當幹部的，要真正在思想上解決"入黨為什麼，當'官'做什麼，身後留什麼"的問題，牢記"兩個務必"[4]，真正做到權為民所用、情為民所繫、利為民所謀。

【註釋】

[1] 見柳亞子《感事呈毛主席》。柳亞子（1887—1958），江蘇吳江人。文學家，社會活動家。

[2] 見毛澤東《七律·和柳亞子先生》（《毛澤東詩詞集》，中央文獻出版社 1996 年版，第 79 頁）。

[3] 焦裕祿（1922—1964），山東淄博人。1962 年 12 月任中共河南蘭考縣委書記，帶領幹部和群眾，同內澇、風沙、鹽鹼等自然災害進行頑強鬥爭，使蘭考貧困面貌大為改觀。雖身患肝癌，仍堅持工作。被群眾譽為"黨的好幹部"。

[4] "兩個務必"，指"務必使同志們繼續地保持謙虛、謹慎、不驕、不躁的作風，務必使同志們繼續地保持艱苦奮鬥的作風"。這是毛澤東在中共七屆二中全會的報告中提出的。當時，中國共產黨即將奪取全國政權。毛澤東以此告誡全黨，要經受住執政的考驗，防止出現驕傲自滿、貪圖享受、脫離群眾導致人亡政息的危險。

把幫扶困難群眾放到更突出的位置

（二〇〇三年七月八日）

　　浙江經濟社會發展到現階段，按照全面建設小康社會的要求，我們應該把幫助群眾解決實際困難，特別是幫扶城鄉困難群眾放到更為突出的位置。

　　堅持執政為民，全心全意為人民服務，是人民公僕的天職。我們要把幫扶工作看做是分內的事。做好幫扶工作，關鍵是各級領導的心中要時刻裝著群眾。有的縣每年從省裏拿到的財政轉移支付有幾千萬元，卻拿不出幾十萬元的低保金。如果對群眾有感情的話，這些錢是拿得出來的，也是應該拿出來的。

　　幫助群眾特別是困難群眾解決各類實際問題，除了要不斷完善面向全社會的各類社會保障制度外，還要建立面對困難群體的長效幫扶機制。在財政支出上，各地一定要突出重點，優先保證農村教師工資、城鄉居民最低生活保障、農民大病統籌、"五保"[1]對象集中供養、困難家庭子女就學救助等與群眾利益密切相關的支出。

【註釋】

[1] "五保"，是中國農村對無勞動能力、生活無保障的成員實行的社會救助制度。1949 年 10 月中華人民共和國成立以後，黨和政府十分關心城鄉特殊困難群眾的生活，《1956 年到 1967 年全國農業發展綱要》明確提出：農業合作社對於社內缺乏勞動力、生活沒有依靠的鰥寡孤獨的社員，在生活上給予照顧，做到保吃、保穿、保燒（燃料）、保教（兒童和少年）、保葬，這五項保證簡稱"五保"，將享受"五保"的家庭稱為"五保戶"，形成了獨具中國特色的農村五保供養制度的雛形。1994 年 1 月，國務院公佈施行《農村五保供養工作條例》，規定五保供養的主要內容是"保吃、保穿、保住、保醫、保葬（孤兒保教）"。

路就在腳下

（二〇〇三年七月十一日）

又到了高考錄取揭榜的時候。考上大學固然可喜，但沒考上大學也不用悲觀，更不能絕望。路就在腳下。一個人能否成才，關鍵不在於是否上大學，而在於他的實際本領。社會本身就是一個大學校，留心處處皆學問。只要你肯學習、能吃苦，沒有讀過大學，照樣能成才。

近段時間，我省一些地方學生非正常死亡時有發生，應引起高度重視。導致學生非正常死亡的原因是多方面的，有的是因為學校對學生重文化知識教育，輕法紀道德教育、心理健康教育和人文關懷不夠，致使有的學生心理變得浮躁、脆弱；有的是因為一些家長對子女疏於教育管理或要求過高，"望子成龍"、"盼女成鳳"心切，給子女施加過大的壓力。為此，一定要從社會、學校和家長等多方入手，千方百計把孩子從分數中解放出來。要讓他們明白，人生道路千萬條，各行各業都能成才。只要矢志追求、努力拚搏，照樣可以實現人生抱負和目標。

理論學習要有三種境界

（二〇〇三年七月十三日）

著名學者王國維[1]論述治學有三種境界：一是"昨夜西風凋碧樹，獨上高樓，望盡天涯路"；二是"衣帶漸寬終不悔，為伊消得人憔悴"；三是"眾裏尋他千百度，驀然回首，那人卻在燈火闌珊處"。

領導幹部學習理論也要有這三種境界。首先，理論學習上要有"望盡天涯路"那樣志存高遠的追求，耐得住"昨夜西風凋碧樹"的清冷和"獨上高樓"的寂寞，靜下心來通讀苦讀；其次，理論學習上要勤奮努力，刻苦鑽研，捨得付出，百折不撓，下真功夫、苦功夫、細功夫，即使是"衣帶漸寬"也"終不悔"，"人憔悴"也心甘情願；再次，理論學習貴在獨立思考，學用結合，學有所悟，用有所得，要在學習和實踐中"眾裏尋他千百度"，最終"驀然回首"，在"燈火闌珊處"領悟真諦。只有這樣，各級領導幹部才能做到帶頭學、深入學、持久學，成為勤奮學習、善於思考的模範，解放思想、與時俱進的模範，學以致用、用有所成的模範。

【註釋】

[1] 王國維（1877—1927），浙江海寧人。近現代著名學者。在教育、哲學、文學、文藝學、古文字學、考證學等方面均有造詣，尤其是開創了戲曲史研究的風氣。

樹立五種崇高情感

（二○○三年七月十七日）

胡錦濤[1]同志多次要求廣大黨員幹部做到權為民所用、情為民所繫、利為民所謀。情為民所繫是基礎，不能做到情為民所繫，手中的權就難以真正為民所用，也就難以真正做到利為民所謀。

要做到情為民所繫，就要以黨的先進人物為榜樣，培養和增強對人民群眾的深厚感情，學習和樹立五種崇高的情感。一要學習鄧小平[2]同志的情懷感。他說：“我是中國人民的兒子，我深情地愛著我的祖國和人民。”[3]二要學習雷鋒[4]同志的幸福感。他雖然只活了二十二年，但他說：“什麼是幸福？為人民服務是最大的幸福。”三要學習孔繁森[5]同志的境界感。他有一句名言：“愛的最高境界就是愛人民。”四要學習鄭培民[6]同志的責任感。他始終把“做官先做人，萬事民為先”作為自己的行為準則。五要學習錢學森[7]同志的光榮感。他把群眾的口碑當作自己無上的光榮。只有學習和樹立這五種崇高的情感，才能心裏裝著群眾，凡事想著群眾，工作依靠群眾，一切為了群眾，切實解決好“相信誰、依靠誰、為了誰”的根本政治問題，努力為人民掌好權、用好權。

【註釋】

[1] 胡錦濤，1942 年生，安徽績溪人。曾任中國共產黨中央委員會總書記，中華人民共和國主席，中國共產黨中央軍事委員會主席，中華人民共和國中央軍事委員會主席。科學發展觀的主要創立者。

[2] 鄧小平（1904—1997），四川廣安人。馬克思主義者，中國無產階級革命家、政治家、軍事家、外交家，中國共產黨、中國人民解放軍、中華人民共和國的卓越領導人，中國社會主義改革開放和現代化建設的總設計師。鄧小平理論的主要創立者。

[3] 這句話出自鄧小平 1981 年 2 月 14 日為英國培格曼出版公司編輯出版的《鄧小平副主席文集》英文版所作的序言（《鄧小平思想年編（一九七五——一九九七）》，中央文獻出版社 2011 年版，第 349 頁）。

[4] 雷鋒（1940—1962），湖南望城人。中國人民解放軍戰士，英雄模範。他堅持全心全意為人民服務，樂於助人，幹一行愛一行。在意外事故中不幸因公殉職。1963 年，毛澤東題詞“向雷鋒同志學習”，中國掀起了學習雷鋒的熱潮。此後，每年 3 月 5 日成為中國學習雷鋒的紀念日。

[5] 孔繁森（1944—1994），山東聊城人。1966 年加入中國共產黨。1979 年和 1988 年兩次赴西藏工作，歷時十年。在西藏工作期間，他千方百計帶領當地群眾脫貧致富，無私奉獻，勤政為民，政績卓著，被國務院授予“全國民族團結進步模範”稱號。1994 年 11 月在赴新疆考察中因車禍殉職。1995 年 4 月被國務院追認為“全國先進工作者”。

[6] 鄭培民（1943—2002），吉林海龍人。1969 年加入中國共產黨。在湖南先後擔任過湘潭市委書記、湘西土家族苗族自治州州委書記和省委副書記，身居高位而心繫百姓，始終把“做官先做人，萬事民為先”作為自己的行為準則，直至生命的最後時刻仍然不忘自己曾經許下的諾言，在人民心裏樹立起一座公正廉潔為民服務的豐碑。2002 年 3 月 11 日，因突發心肌梗塞，在北京逝世。

[7] 錢學森（1911—2009），浙江杭州人。1935 年赴美留學，1955 年回國。曾任國防科工委副主任、中國科學技術協會主席等。直接參與組織領導了中國運載火箭、導彈、衛星的研製攻關和試驗工作，為發展中國的航天事業作出了卓越貢獻。

大事講原則，小事講風格

（二〇〇三年七月十八日）

我們平時常講團結就是力量，團結出凝聚力、出戰鬥力、也出幹部，這說明團結是何等的重要。其實，團結是班子建設的重要問題，講團結是講政治、顧大局的表現。加強團結，"一把手"要負主要責任，應以身作則，嚴格要求，善於抓方向、議大事、管全局，善於團結各方面同志包括與不同意見的同志一道工作，善於充分調動班子成員的積極性、主動性和創造性，真正做到發揚民主，集思廣益，科學決策，防止和克服獨斷專行、軟弱渙散和各行其是。每個領導幹部都要正確對待自己，正確對待同志，正確對待組織，對有些事要拿得起、放得下，豁達一些，做到嚴於律己，寬以待人，大事講原則，小事講風格，在合作共事中加深了解，在相互支持中增進團結，形成領導班子的整體合力。

文化產品也要講 "票房價值"

（二〇〇三年七月二十日）

文化產品不能故作 "清高"，不屑於講 "票房價值"，不能再走創作—獲獎（省優、部優）—"擱" 優的老路了。

在社會主義市場經濟條件下，文化產品的生產和傳播，絕大部分都要進入市場。文化產品只有成為廣大群眾的自覺消費，才能最大限度地實現文化的宣傳教育功能，達到以優秀作品鼓舞人的目的，這就是大力發展文化產業的意義所在。有市場的文化不一定是先進文化，但沒有市場的文化更難講是先進文化。沒有市場，作品給誰看？宣教功能怎麼發揮？先進性又體現在哪裏？

先進的文化產品，應當既體現先進性，又能體現群眾性；既不 "趨利媚俗"，又不遠離市場、忽視市場。從這個意義上講，文化產品的意識形態屬性與產業屬性是一致的，佔領市場與佔領陣地是一致的，社會效益與經濟效益是一致的，文化產品的先進性與實現人民群眾的文化利益是一致的。我們要充分發揮社會主義市場經濟體制的優勢，創作和生產 "貼近實際、貼近生活、貼近群眾" 和 "面向現代化、面向世界、面向未來" 的文化產品，去佔領市場，贏得群眾，不斷鞏固和擴大社會主義意識形態陣地。

不要引導領導幹部當 "滿票幹部"

（二〇〇三年七月二十一日）

現在各地都在深化幹部人事制度改革，進一步推進競爭上崗，加大公開選拔幹部工作的力度，這是值得肯定的。但在選拔幹部時要注意兩個問題：一要正確處理德與才的關係。才為德之資，德為才之帥。現在選幹部，容易忽視的往往是德。因此，在把握德與才的關係時，特別要注重德，把德放在首位。同時，德與才也不是抽象的，由於工作戰線、事業領域的不同，德與才都應結合實際加以具體化。二要正確對待民主測評。強調群眾公認當然很重要，如果大多數群眾反對，一般來說這個幹部是有問題的。但講群眾公認決不是單純以票取人。敢負責、幹工作的幹部往往會丟點票。不能形成 "唯票" 的導向，不要引導領導幹部當所謂的 "滿票幹部"，否則就會引導幹部當 "老好人"，不敢得罪人，甚至拉票、賄選。黨委把好用人關，就是要把握大節、抓住主流、注重品德，及時發現、肯定默默無聞、埋頭苦幹、不事張揚、德才兼備的人，提拔、任用真正堅持立黨為公、執政為民，敢負責、能幹事的人。只有這樣，才能健全考核評價體系，提高幹部考核評價的準確度及科學性，有效防止考察失真、評價失準、用人失誤。

引進人才要防止“近親繁殖”

（二〇〇三年八月二日）

最近北京大學進行人事制度改革，教授實行聘任制，本校學生一般不留校。前不久，廣州、深圳、佛山聯手在全國範圍招聘人才。他們的用意都在防止“近親繁殖”，促進人才的合理流動。

我省近幾年也出台了一系列政策，拆除“圍牆”，降低“門檻”，開闢“綠色通道”，從全國各地引進各類人才六萬餘人。但也要清醒地看到，我省的人才資源總量還嚴重不足，結構性矛盾突出，每萬人口中具有大學程度的人口比例居全國第十七位，高層次人才、高新技術人才、青年人才嚴重缺乏。“人才資源是第一資源”[1]，要做到求賢若渴，愛才如命，惜才如金，唯才是用。人才引進要有新思路、寬眼界、大舉措，這就要有國際眼光，從全國範圍、世界範圍吸引人才；同時要創新機制，以各種形式吸引海內外優秀人才來浙江工作、為浙江服務；還要營造尊重特點、鼓勵創新、信任理解、寬容失敗的良好環境，使浙江真正成為各類人才創新、創業的天堂和樂園。

【註釋】

[1] 見江澤民《人才資源是第一資源》（《江澤民文選》第 3 卷，人民出版社 2006 年版，第 319 頁）。

抗旱要"目中有人"

(二〇〇三年八月七日)

今夏大旱,歷史罕見,這是考驗各級黨委、政府能否真正實踐"三個代表"重要思想[1]的一個關鍵時刻。做好抗旱工作首先要"目中有人",這個"人",就是人民群眾,特別是廣大的農民兄弟。

俗話說:"澇災一條線,旱災一大片。"目前我省旱情仍在加劇,每天都會新增大量的受災群眾,但有些部門該下撥的資金沒有儘快下撥到基層去,該下發的物資也沒有送到基層去,卻為了一些細枝末節的問題久拖不決,這種表現就是"目中無人"。

高溫乾旱,城市特別是省城的用水用電還有保障,但農村特別是山區一有旱情農民就要吃苦頭。大旱面前,有關政府部門要高速運轉,心裏要時刻裝著群眾,儘快把物資、資金送到抗旱一線,派上用場。要走出機關到農村、到田頭、到工廠去指導、幫助抗旱,要關心已經受災的群眾,同時要未雨綢繆,認真考慮災後如何解決受災群眾的困難。

【註釋】

[1] "三個代表"重要思想,是中國特色社會主義理論體系的重要組成部分,是中國共產黨的指導思想。"三個代表"重要思想突出強調,中國共產黨要始終代表中國先進生產力的發展要求、代表中國先進文化的前進方向、代表中國最廣大人民的根本利益。主要創立者是江澤民。

環境保護要靠自覺自為

（二〇〇三年八月八日）

　　像所有的認知過程一樣，人們對環境保護和生態建設的認識，也有一個由表及裏、由淺入深、由自然自發到自覺自為的過程。

　　"只要金山銀山，不管綠水青山"，只要經濟，只重發展，不考慮環境，不考慮長遠，"吃了祖宗飯，斷了子孫路"而不自知，這是認識的第一階段；雖然意識到環境的重要性，但只考慮自己的小環境、小家園而不顧他人，以鄰為壑，有的甚至將自己的經濟利益建立在對他人環境的損害上，這是認識的第二階段；真正認識到生態問題無邊界，認識到人類只有一個地球，地球是我們的共同家園，保護環境是全人類的共同責任，生態建設成為自覺行動，這是認識的第三階段。

　　自覺同自發相比，是一種積極的狀態。對於一個社會來說，任何目標的實現，任何規則的遵守，既需要外在的約束，也需要內在的自覺。因此，建設生態省、打造"綠色浙江"，必須建立在廣大群眾普遍認同和自覺自為的基礎之上。各地各有關部門要加大宣傳教育力度，提升群眾的環保意識，使其縮短從自發到自為的過程，主動擔當起應盡的責任，齊心協力走可持續發展之路。

利用民資大有潛力

（二〇〇三年八月十一日）

在基礎設施建設方面，我們的思路還應該更開闊一點，尤其要充分利用浙江民間資金充裕的優勢，廣泛吸引社會資金，實行多元化投入。最近開工建設的寧波杭州灣大橋，項目總投資一百十八億元，註冊資金三十五億元，註冊資金中民間資金佔百分之五十點二六。這是吸引民間資金投入重大基礎設施建設的範例，說明利用民間資金大有潛力、大有可為。

近幾年來，國家實施積極的財政政策，加大政府投資的力度，拉動經濟增長，收到了積極的效果。從長遠來看，僅靠政府投資是不夠的。要保持經濟的持續快速增長，必須多管齊下，其中一個很重要的方面就是充分調動民間投資的積極性，擴大民間投資的規模，形成經濟增長的內生機制。這是一個十分重要的、帶有方向性、根本性的問題。要進一步放寬投資領域，一些具有贏利能力的基礎設施建設項目，能放的要放。

兩條腿走路好

（二〇〇三年八月十二日）

　　引進外資，我們自己和自己比，已有長足發展，但與廣東、江蘇、上海等省市相比，還是一條“短腿”。引進外資，不僅是一個資金問題，更重要的是引進技術、人才和管理，促進產業結構的調整和提升的問題，是一個擴大開放的問題，是一個與國際接軌的問題。我們一定要轉變觀念，採取有效措施，加大利用外資的力度，提高對外開放的水平。否則，我們就會“瘸腿”，就會喪失原有的優勢，就會在競爭中落後。

　　兩條腿走路總比一條腿好。我們提出北接上海、東引台資，就是要更好地利用上海這一對外開放的平台，承接國際產業轉移，吸引外商落戶，吸引外資投入，擴大對外貿易，不斷提高對外開放水平。

把好事辦好

（二〇〇三年八月二十三日）

　　目前，全省各地加快發展的積極性很高，城市建設、園區建設、基礎設施建設、重大工業項目建設等進展很快。在此過程中，我們一定要高度重視涉及群眾切身利益的問題。

　　許多工程投資大、涉及面廣、動遷人員多，涉及群眾的切身利益時，我們一定要妥善處置，把好事辦好。要相信群眾、教育群眾、依靠群眾，充分發揮黨組織的政治優勢、組織優勢和群眾工作優勢，加大宣傳教育力度，帶著深厚感情去做工作，把思想工作做細、做實、做透，使廣大群眾正確處理長遠利益與眼前利益、局部利益與全局利益、個人利益與整體利益的關係，充分理解和支持工程建設。

搞試點要 "大膽設想小心求證"

（二〇〇三年九月十日）

　　我們在各項改革中，經常通過試點的方法，取得若干經驗後再推廣。既然是做試點工作，前人沒有做過，就要有 "敢為天下先" 的精神，解放思想，大膽地闖，大膽地試，怎麼有利於發展就怎麼改革；就是要超越原有的體制，從根本上衝破束縛發展的桎梏。

　　做好試點工作，在 "大膽設想" 的同時，還要 "小心求證"。要講究策略，注意方法，力求水到渠成。要堅持點上試驗，面上推廣，先易後難，先淺後深，因地制宜，不搞一刀切，不求齊步走。在先行的試點中要鼓勵成功，寬容失敗，糾正失誤，注意保護好幹部群眾的改革熱情；在全面推進時則要以成熟的經驗引路，避免反覆，減少失誤，儘可能把改革的風險和代價降到最低限度。同時，要注意把改革的力度與人民群眾可承受的程度結合起來，加強思想政治工作，完善各項配套措施，做到積極穩妥，統籌兼顧，保證改革順利進行。

努力打造"信用浙江"

（二〇〇三年九月十五日）

"人而無信，不知其可"[1]；企業無信，則難求發展；社會無信，則人人自危；政府無信，則權威不立。朱鎔基[2]同志在視察會計學院時提出"不做假賬"，這不僅是對會計人員的要求，也是對政府和政府官員的要求。我們一定要高度重視信用建設，努力打造"信用浙江"。打造"信用浙江"，就要進一步強化政府信用，提升企業信用，建立社會信用；就要進一步健全信用制度，強化信用監管，倡導信用文化，營造信用環境；就要以企業為主體，建立包括信用信息、信用評價、信用激勵和失範懲罰機制在內的社會信用體系；就要充分發揮政府在信用建設中的表率作用，樹立誠信的形象，建設"信用政府"。

【註釋】

[1] 見《論語·為政》。《論語》是中國儒家經典之一，是孔子的弟子記錄孔子言行的著作，其中間有孔子弟子的言論。同《大學》、《中庸》、《孟子》合稱為"四書"。

[2] 朱鎔基，1928年生，湖南長沙人。曾任中國共產黨中央政治局常委，中華人民共和國國務院總理。

加強對西湖文化的保護

（二〇〇三年九月二十九日）

　　杭州西湖承載著悠久的歷史，積澱著深厚的文化。西湖文化在杭州文化中有著獨特的位置。在西湖四周，留下了吳越文化、南宋文化、明清文化的深刻印記，留下了無數文人墨客的佳話詩篇，留下了不少民族英雄的悲歌壯舉，留下了許多體現杭州先民勤勞智慧的園、亭、寺、塔。可以說，西湖的周圍，處處有歷史，步步有文化。

　　對這些歷史文化遺存，我們一定要保護好，利用好，傳承下去，發揚光大。杭州在去年南線景區改造和今年新湖濱景區、楊公堤景區建設中，挖掘和恢復了不少歷史文化景觀，進一步豐富了西湖風景名勝區的文化內涵。在今後的開發和建設中，還要始終堅持這一點。現在有的地方搞舊城拆遷改造，把一些文物古跡搞得蕩然無存，這是非常可惜的。作為省會城市，杭州應在保護文化遺存、延續城市文脈、弘揚歷史文化方面，發揮帶頭作用，做得更好。

要有世界眼光和戰略思維

（二〇〇三年十一月六日）

"一把手"是黨政領導集體的"班長"，是一個地方和部門貫徹中央大政方針、省委省政府重大決策的第一責任人。把方向、抓大事、謀全局，是"一把手"的根本職責。

各級黨政"一把手"要站在戰略的高度，善於從政治上認識和判斷形勢，觀察和處理問題，善於透過紛繁複雜的表面現象，把握事物的本質和發展的內在規律。要努力增強總攬全局的能力，放眼全局謀一域，把握形勢謀大事，以"登東山而小魯"[1]、"登泰山而小天下"[2]的氣度和胸襟，始終把全局作為觀察和處理問題的出發點和落腳點，以全局利益為最高價值追求，以世界眼光去認識政治形勢，把握經濟走勢，了解文化態勢；用戰略思維去觀察當今時代，洞悉當代中國，謀劃當前浙江，切實把本地、本部門的工作放到國際國內大背景和全黨全國全省的工作大局中去思考、去研究、去把握，不斷提高領導工作的原則性、系統性、預見性和創造性。

【註釋】

[1] 見《孟子·盡心上》。

[2] 同上。

打好"團結牌"

（二○○三年十一月十一日）

懂團結是真聰明，會團結是真本領。團結出凝聚力，出戰鬥力，出新的生產力，也出幹部。在團結問題上，"一把手"更應帶好頭，起好表率作用。那些"孤家寡人"、包打天下的"超人"，是不能長久的。只有靠"眾人拾柴"和"三個臭皮匠"之力，靠大家幫襯，工作才能做好。

在一個班子中共事，是一種緣分，更是一種責任。我們要始終牢記毛澤東[1]同志關於書記和委員之間"諒解、支援和友誼，比什麼都重要"[2]的教導，正確對待自己，正確對待同志，正確對待組織，用真誠贏得大家的理解和信任，在合作中加深了解，在共事中增進團結，以堅強的黨性、良好的作風、規範的制度和人格的魅力抓好班子自身建設。

一個手掌，攤開是"多個指頭"，握緊是"一個拳頭"。班子的團結就好比"指頭"與"拳頭"的關係。"一把手"只是其中一個"指頭"，充其量是個"大拇指"。一個"指頭"勁再大，其他"指頭"如果不用力，也難以體現出"拳頭"的合力。所以，"一把手"要充分調動班子成員的積極性，使他們各司其職、各負其責、各展其才，從而使這個領導集體攥緊"拳頭"，打出"團結牌"，形成整體合力。

【註釋】

[1] 毛澤東（1893—1976），湖南湘潭人。馬克思主義者，中國無產階級革命家、
戰略家、理論家，中國共產黨、中國人民解放軍、中華人民共和國的主要締造
者，中國各族人民的領袖。毛澤東思想的主要創立者。

[2] 見毛澤東《黨委會的工作方法》（《毛澤東選集》第 4 卷，人民出版社 1991 年版，
第 1441 頁）。

多種聲音和一首樂曲

（二〇〇三年十一月十三日）

集體領導是民主集中制在黨的領導制度上的具體體現，是貫徹民主集中制的關鍵環節。由於人們觀察問題的視角不同，個人閱歷和知識結構不一，認識事物的能力和水平不盡相同，在討論問題、作出決策時自然會見仁見智，發出“多種聲音”。這“多種聲音”，正是堅持集體領導、形成科學決策的基礎。而“一種聲音”，甚至於“悄然無聲”，看起來是高度集中、至高威信，實非好事。

“一把手”的領導藝術，就在於有容人之氣度、納諫之雅量，充分發揚黨內民主，確保決策的民主化和科學化，確保黨委班子認識上的統一和行動上的一致。這就像一支樂隊，只能有一個指揮。離開了指揮，樂隊的演奏不協調，大家各自的聲音彙集在一起就變成了“雜音”。樂隊指揮的高超技藝，就表現在他能巧妙精緻地指揮樂隊，吹拉彈唱，絲竹和諧，齊奏一曲悅耳動聽的交響樂。領導班子的“一把手”，就應該成為這樣的指揮，善於把“多種聲音”協調為“一首樂曲”，從而使領導集體的決策儘可能反映客觀實際，符合人民利益。

共演一台“二人轉”的好戲

（二〇〇三年十一月十七日）

各級黨委和政府的“一把手”，不是簡單的自然人，在很大程度上是黨委和政府的人格化代表；彼此之間的關係也不只是簡單的個人關係，更多的則是黨政之間的關係。兩人相處得如何，事關一個黨委班子整體合力的發揮，事關一個地方經濟社會發展的大局，事關一個地方人民群眾的根本利益。

朋友可以選擇，書記和市（縣）長是組織上搭配的，雙方應該“哥倆好”，而絕不能意氣相爭，更不能以為把對方說壞了自己就好了，在對方的缺點中體現自己的優點。

作為黨委書記，要總攬而不包攬，學會“彈鋼琴”，善於抓重點，充分發揮黨委的領導核心作用，發揮各個班子的職能作用，而不能事必躬親，專權武斷，干預具體政務。作為市（縣）長，要到位而不越位，在黨委班子中積極發揮作用，自覺接受黨委的領導，注意維護書記的威信，著力抓好政府黨組的建設，主動按照黨委的決策和書記的意圖開展政府工作，遇到重大問題要及時向黨委請示、報告。作為各級黨政“一把手”，都要補台而不拆台，你落下的我主動撿起來，你不足的我主動補上去，同舟共濟，齊心協力，共演一台“二人轉”的好戲。

多雙 "眼睛" 選賢任能

（二○○三年十一月二十一日）

　　選人用人是領導工作的重要內容，是對黨委班子特別是 "一把手" 貫徹民主集中制原則的實際檢驗。在幹部的選拔任用上，首先要擦亮自己的一雙 "眼睛"，在實踐中識人辨才，加強對幹部的考察和了解，盡可能多地掌握第一手情況。尤其要 "近君子，遠小人"，堅持原則，嚴格標準，不搞感情用事，摒棄個人好惡的影響，擺脫親疏遠近的干擾，樹立正確的用人導向。

　　同時，要用好集體的多雙 "眼睛"。有時候，一雙 "眼睛" 受視角和景深的影響，畢竟有一定的局限性，難免出現一些偏頗。而多雙 "眼睛" 則能多視角、多側面、多層次地了解一個幹部，可以盡量避免 "失真"。"一把手" 就是要引導、鼓勵班子成員表達不同的觀點，把多雙 "眼睛" 的 "眼光" 彙聚起來，形成一致的正確的用人意見。

政聲人去後，民意閒談中

（二〇〇三年十一月二十四日）

　　領導幹部要想真正在群眾心目中留下一點"影"、留下一點"聲"、留下一點印象，就要精心謀事、潛心幹事，努力為人民多作貢獻，而絕不能靠作秀、取寵、討巧，博取一些廉價的掌聲。

　　領導幹部要有強烈的事業心和責任感。黨和人民把我們放在這個崗位上，這是對我們的信任，是賦予我們的責任，是給我們為黨分憂、為國效力、為民盡責的機會。"政聲人去後，民意閒談中。"為"官"一任，就要盡到造福一方的責任，要時時刻刻為百姓謀，不能為自己個人謀。我們要堅持對上負責與對下負責的統一，忠誠於黨和人民的事業，恪盡職守，盡心竭力，講奉獻，有作為。既要多辦一些近期能見效的大事、好事，又要著眼長遠、著眼根本，多做一些打基礎、做鋪墊的事，前人栽樹、後人乘涼的事，創造實實在在的業績，贏得廣大人民群眾的信任和擁護。

二〇〇四年

心無百姓莫為 "官"

（二〇〇四年一月五日）

"群眾利益無小事"。群眾的一樁樁 "小事"，是構成國家、集體 "大事" 的 "細胞"，小的 "細胞" 健康，大的 "肌體" 才會充滿生機與活力。對老百姓來說，他們身邊每一件瑣碎的小事，都是實實在在的大事，有的甚至還是急事、難事。如果這些 "小事" 得不到及時有效的解決，就會影響他們的思想情緒，影響他們的生產生活。

古往今來，許多有作為的 "官" 都以關心百姓疾苦為己任。從范仲淹 [1] 的 "先天下之憂而憂，後天下之樂而樂" [2]，到鄭板橋 [3] 的 "些小吾曹州縣吏，一枝一葉總關情" [4]；從杜甫 [5] 的 "安得廣廈千萬間，大庇天下寒士俱歡顏" [6]，到于謙 [7] 的 "但願蒼生俱飽暖，不辭辛苦出山林" [8]，都充分說明心無百姓莫為 "官"。

我們是黨的幹部，是人民的公僕，一定要把群眾的安危冷暖掛在心上，以 "天下大事必作於細" [9] 的態度，真心誠意地為人民群眾辦實事、做好事、解難事。要抓實做細事關群眾切身利益的每項工作，努力辦實每件事，贏得萬人心。

【註釋】

[1] 范仲淹（989—1052），蘇州吳縣（今江蘇蘇州）人。北宋政治家、文學家。

[2] 見北宋范仲淹《岳陽樓記》。

[3] 鄭板橋（1693—1766），即鄭燮，江蘇興化人。清代書畫家、文學家。

[4] 見清代鄭燮《濰縣署中畫竹呈年伯包大中丞括》。

[5] 杜甫（712—770），鞏縣（今河南鞏義西南）人。唐代詩人。

[6] 見唐代杜甫《茅屋為秋風所破歌》。

[7] 于謙（1398—1457），浙江錢塘（今杭州）人。明代政治家。

[8] 見明代于謙《詠煤炭》。

[9] 參見《老子》第六十三章。《老子》是中國古代重要哲學著作，提出的"道法自然"包含樸素辯證法思想，提倡"無為而治"。

要講究領導藝術

（二〇〇四年一月十三日）

　　一個高明的領導，講究領導藝術，知關節，得要領，把握規律，掌握節奏，舉重若輕。

　　在日常工作中，有三類幹部：第一類，眼光敏銳，見微知著，"為之於未有，治之於未亂"[1]，防患於未然，化解於無形，開展工作有板有眼，縱橫捭闔，張弛有度，"談笑間，檣櫓灰飛煙滅"[2]，這是領導藝術的最高境界。第二類，工作勤勤懇懇、忙忙碌碌、夜以繼日，天天加班加點，雖然工作的預見性、敏感性不足，但問題暴露後，尚能及時採取措施，妥善加以解決。雖不能舉重若輕而顯得舉輕若重，但"勤能補拙"，仍不失為勤政的幹部。第三類，見事遲，反應慢，發現不了問題，出了問題後，或手足無措，或麻木不仁。我們每一個領導幹部，都要努力學習，加強實踐，不斷提高領導水平，力求最高境界，力戒第三種情況。

【註釋】

[1] 見《老子》第六十四章。

[2] 見蘇軾《念奴嬌·赤壁懷古》。蘇軾（1037—1101），眉州眉山（今屬四川眉州市）人。北宋文學家、書畫家。

珍惜在位時

（二〇〇四年一月十五日）

一個領導幹部，在位的時間是有限的，在一個地方工作的時間更有限。我們每一個領導幹部都要以"只爭朝夕"的精神，倍加珍惜在位的時間，充分利用這有限的時間，多為群眾辦實事、辦好事。

"政聲人去後，民意閒談中。"我們每一個領導幹部都要常思常想"入黨為什麼，當'官'幹什麼，身後留什麼"，視事業如泰山，把崗位看作是為黨的事業奉獻的機會，當作為人民服務的機會，倍加珍惜在位時，盡職盡責，有所建樹，真正做到"為官一任，造福一方"。

求真務實要出實招

（二○○四年二月三日）

　　我們學習胡錦濤同志在中央紀委第三次全會講話中關於堅持求真務實的重要論述，關鍵是要理解求真務實的深刻內涵，就是求什麼真、務什麼實的問題 —— 求客觀實際之真，務執政為民之實；找準求真務實的主要途徑，就是怎麼求真、怎麼務實的問題 —— 深化理論武裝求真諦，深入調查研究重實際；牢記求真務實的基本要求，就是如何做到求真、做到務實問題 —— 狠抓工作落實動真格，加快浙江發展務實效；達到求真務實的根本目的，就是求真為了誰、務實為了誰的問題 —— 高度關注民生繫真情，堅持為民謀利出實招。要通過大力弘揚求真務實精神，大興求真務實之風，全面抓好今年各項工作的貫徹落實。

要看 GDP，但不能唯 GDP

（二〇〇四年二月八日）

要科學制定幹部政績的考核評價指標，形成正確的用人導向和用人制度。各地的實際情況不同，衡量政績的要求和側重點也應有所不同。要看 GDP，但不能唯 GDP。GDP 快速增長是政績，生態保護和建設也是政績；經濟社會發展是政績，維護社會穩定也是政績；立竿見影的發展是政績，打基礎作鋪墊也是政績；解決經濟發展中的問題是政績，解決民生問題也是政績。總之，我們要從堅持立黨為公、執政為民的高度來考評幹部的政績，堅持抓好發展與關注民生的結合、對上負責與對下負責的結合、立足當前與著眼長遠的結合，科學設定考核政績的內容和程序，完善考評體系和方法。堅持按客觀規律辦事，重實際、鼓實勁、求實效，不圖虛名，不務虛功，不提脫離實際的高指標，不喊嘩眾取寵的空口號，不搞勞民傷財的假政績，扎扎實實地把各項工作落到實處。

形勢越好，越要求真務實

（二○○四年二月二十三日）

　　求真務實，是辯證唯物主義和歷史唯物主義一以貫之的科學精神，是我們黨的思想路線的核心內容，也是黨的優良傳統和共產黨人應該具備的政治品格。什麼時候求真務實堅持得好，黨的組織和黨員幹部隊伍就充滿朝氣和活力，黨和人民的事業就能順利發展；什麼時候求真務實堅持得不好，黨的組織和黨員幹部隊伍就缺乏朝氣和活力，黨和人民的事業就受到挫折。一定要充分認識大力弘揚求真務實精神的極端重要性。要在看到國際形勢總體對我們有利的同時，清醒地看到前進道路上存在的困難和挑戰；在看到廣大黨員幹部求真務實、真抓實幹主流是好的同時，清醒地看到胡錦濤同志的重要講話中指出的十個方面亟待解決的突出問題在我省不同程度的表現；在形勢越是好、群眾加快發展的積極性越是高的情況下，越要堅持求真務實，越要保持清醒頭腦，越要堅持好的工作作風，扎扎實實地把我省改革開放和現代化建設推向前進。

抓而不實，等於白抓

（二○○四年二月二十六日）

今年是我省充分發揮"八個優勢"、深入實施"八項舉措"，扎實推進浙江全面、協調、可持續發展的狠抓落實年。必須把抓落實擺上重要位置，做到落實、落實、再落實。實踐表明，抓而不緊，等於不抓；抓而不實，等於白抓。抓好落實，我們的事業就能充滿生機；不抓落實，再好的藍圖也是空中樓閣。

能否做到狠抓落實，是否善於狠抓落實，這是衡量領導幹部作風、能力、水平的重要標誌。就浙江而言，今年抓落實，就是要緊緊圍繞"八八戰略"[1]的重大決策和部署來進行。"八八戰略"體現了全面、協調、可持續的科學發展觀，得到了全省上下的一致認同。落實"八八戰略"是加快浙江經濟社會發展的客觀要求，是廣大人民群眾的共同願望，是我省今年和今後一個時期的戰略任務。全省上下必須思想高度重視，必須擺上重要位置，必須結合實際貫徹，必須狠抓工作落實。對"八八戰略"作出的總體規劃和提出的各項任務，要一步一步地展開，一項一項地分解，一件一件地落實，一年一年地見效。

【註釋】

[1] "八八戰略"，指 2003 年 7 月中共浙江省委第十一屆四次全體（擴大）會議提出的利用浙江省發展的"八個優勢"、面向未來發展的"八項舉措"。主要內容是：進一步發揮浙江的體制機制優勢，大力推動以公有制為主體的多種所有制經濟共同發展，不斷完善社會主義市場經濟體制；進一步發揮浙江的區位優勢，主動接軌上海、積極參與長江三角洲地區交流與合作，不斷提高對內對外開放水平；進一步發揮浙江的塊狀特色產業優勢，加快先進製造業基地建設，走新型工業化道路；進一步發揮浙江的城鄉協調發展優勢，統籌城鄉經濟社會發展，加快推進城鄉一體化；進一步發揮浙江的生態優勢，創建生態省，打造"綠色浙江"；進一步發揮浙江的山海資源優勢，大力發展海洋經濟，推動欠發達地區跨越式發展，努力使海洋經濟和欠發達地區的發展成為浙江經濟新的增長點；進一步發揮浙江的環境優勢，積極推進基礎設施建設，切實加強法治建設、信用建設和機關效能建設；進一步發揮浙江的人文優勢，積極推進科教興省、人才強省，加快建設文化大省。

凡是為民造福的事一定要千方百計辦好

（二〇〇四年二月二十七日）

立黨為公、執政為民是"三個代表"重要思想的本質要求，也是衡量有沒有真正學懂、是不是真心實踐"三個代表"重要思想最重要的標誌。堅持立黨為公、執政為民，說到底，就在於求真務實，狠抓落實。必須把貫徹立黨為公、執政為民的本質要求，作為一切工作的根本出發點和最終落腳點，使之落實到制定和實施各項方針政策的工作中去，落實到各級領導幹部的思想和行動中去，落實到關心群眾生產生活的工作中去。在任何時候任何情況下，都要始終堅持把最廣大人民的根本利益放在首位，自覺用最廣大人民的根本利益來檢驗自己的工作和政績，做到凡是為民造福的事就一定要千方百計辦好，凡是損害廣大群眾利益的事就堅決不辦。

樹政績的根本目的是為人民謀利益

（二〇〇四年三月三日）

　　能否堅持求真務實，為人民群眾真心誠意辦實事，堅持不懈做好事，盡心竭力解難事，與領導幹部的政績觀、發展觀是否正確、是否科學有密切關係。

　　對領導幹部來說，為一方經濟社會發展，為一方百姓造福，應該有政績，也必須追求政績。共產黨人的政績，就是做得人心、暖人心、穩人心的事，就是解決群眾最關心、最迫切需要解決的問題，就是全面建設小康社會，促進人的全面發展。樹政績的根本途徑是將人民群眾的眼前利益和長遠利益結合起來，尊重客觀規律，按客觀規律辦事，腳踏實地地工作；樹政績的根本目的是為人民謀利益。一個幹部樹政績如果是為了給自己留名，替自己立碑，為自己邀官，這樣的幹部就根本做不到求真務實，根本不可能對群眾負責，根本不可能專心致志抓落實。當然，政績觀與發展觀緊密相關。科學的發展觀引導正確的政績觀，正確的政績觀實踐科學的發展觀。一定要堅持以人為本，樹立科學的發展觀、正確的政績觀和群眾觀，努力在為民動真情、謀利出實招中，把“立黨為公、執政為民”的本質要求落到實處。

成功之道在於鍥而不捨

（二〇〇四年三月八日）

　　"八八戰略"體現了繼承和創新的結合。浙江目前的成就，不是一蹴而就的，是歷屆省委、省政府和廣大幹部群眾長期工作積累的效應。十月懷胎，才能一朝分娩。我們要飲水思源，與時俱進，要像接力賽跑那樣一棒一棒地接下去。樹立正確的政績觀，其中很重要的一條，就是對那些實踐證明行之有效的做法和決策，要一以貫之，決不能朝令夕改，因領導人的改變而改變，而要在前任的基礎上添磚加瓦。這是一種政治品格，是正確政績觀的反映，也是代表最廣大人民群眾根本利益的需要。當然，形勢在發展，"逝者如斯夫"[1]。世界上的一切事物無時無刻都在發生變化。我們做工作要順應變化，應時而變，應勢而變，不斷開拓創新。創新是"三個代表"的精髓，沒有創新就不可能發展，不可能前進。

【註釋】

[1] 見《論語·子罕》。

搶抓戰略機遇期要有歷史緊迫感

（二〇〇四年三月十八日）

戰略機遇期由國際國內各種因素綜合而成，是有利於經濟社會發展的一個特定歷史時期。能否把戰略機遇期提供的可能性變為現實性，主要取決於人的主觀能動性特別是宏觀的戰略決策。

新世紀頭二十年，對我國來說，是經濟社會發展的“加速期”和社會主義市場經濟體制的“成熟期”。緊緊抓住和用好這一重要的戰略機遇期，我們就可以在日益激烈的綜合國力競爭中牢牢掌握主動權，從而實現中華民族的偉大復興。

二十年的重要戰略機遇期易失難得，稍縱即逝。不是錯過了前五年還有後十五年，而是趕不上這個時間表，耽誤了前五年就沒有後十五年的機會和境遇，失之交臂，悔之晚矣。對新世紀頭二十年的重要戰略機遇期，我們一定要有一種強烈的歷史緊迫感。只有抓得早、抓得緊、抓得實、用得好，才能搶佔先機，贏得優勢，擴大實施“八八戰略”的各項成果，實現加快浙江全面建設小康社會、提前基本實現現代化的目標。

既要 GDP，又要綠色 GDP

（二〇〇四年三月十九日）

　　發展是我們黨執政興國的第一要務。我們已進入新的發展階段，現在的發展不僅僅是為了解決溫飽，而是為了加快全面建設小康社會、提前基本實現現代化；不能光追求速度，而應該追求速度、質量、效益的統一；不能盲目發展，污染環境，給後人留下沉重負擔，而要按照統籌人與自然和諧發展的要求，做好人口、資源、環境工作。為此，我們既要 GDP，又要綠色 GDP。特別是浙江人多地少，如果走傳統的經濟發展的道路，環境的承載將不堪重負，經濟的發展與人民群眾生活質量的提高會適得其反。我們要牢固樹立科學發展觀，既著眼當前，更考慮長遠，承擔起積極推進全面、協調、可持續發展的重任。

小事小節是一面鏡子

（二〇〇四年三月二十日）

　　於細微處見精神，於細微處也見品德。小事小節是一面鏡子，能夠反映人品，反映作風。小事小節中有黨性，有原則，有人格。古人云：「堤潰蟻穴，氣泄針芒」[1]，「巴豆雖小壞腸胃，酒杯不深淹死人」。這揭示了由量變到質變的深刻哲理，也是一些腐敗分子帶給我們的深刻教訓。大多數腐敗分子是從不注意小事小節逐步走到腐化墮落境地的。在推杯換盞中放鬆了警惕，在小恩小惠面前丟掉了原則，在輕歌曼舞中喪失了人格，這樣的例子並不鮮見。小事當慎，小節當拘，確是對領導幹部的金玉良言。每個領導幹部都應慎獨慎微，從小事小節上加強自身修養，從一點一滴中自覺完善自己，懂得是非明於學習、境界升於自省、名節源於修養、腐敗止於正氣的道理，始終保持共產黨員的本色。浙江民營經濟比較發達，各級領導幹部一方面要支持民營企業發展，要親商、富商、安商；另一方面，同企業家打交道一定要掌握分寸，公私分明，君子之交淡如水。千萬不要在這個問題上摔跟頭，這方面的教訓太多了。所以，各級領導幹部要注重加強自身修養，慎小事，拘小節，防微杜漸，兩袖清風，築牢思想道德和黨紀國法兩道防線。

【註釋】

[1] 參見范曄《後漢書·郭陳列傳》。原文是："堤潰蟻孔，氣泄針芒。"范曄（398—445），順陽（今河南淅川東南）人。南北朝時期史學家。

順利時更應防驕躁

（二〇〇四年三月二十二日）

　　胡錦濤同志最近告誡我們，越是形勢好，越是群眾加快發展的積極性高，越要堅持求真務實，保持清醒頭腦，一步一個腳印地做好工作。對此我們要認真學習、深刻領會、付諸實踐。

　　驕兵必敗，驕和躁歷來是革命工作的大敵。特別是發展順利時，極易滋長驕傲自滿的情緒，也是容易出錯時。要清醒地認識到，浙江今天的好局面、好形勢，是在中央領導下，歷屆省委、省政府帶領全省人民共同奮鬥的結果。隨著我國經濟社會的不斷發展，各地創造的不少好經驗值得我們認真學習借鑒，浙江的一些好做法也為兄弟省區市所吸收和運用，他們在許多方面超過了我們。所以，我們必須進一步強化憂患意識，戒驕戒躁，如臨深淵，如履薄冰，毫不懈怠，只爭朝夕，以勇攀高峰的闖勁、敢奪冠軍的拚勁、爭創一流的幹勁，再創新的業績和輝煌，奮力跑好這一段歷史接力賽，真正無愧於組織的信任和人民的重託。

發展出題目，改革做文章

（二〇〇四年三月二十五日）

"人是要有一點精神的"[1]。良好的精神狀態，能極大地激發人的智慧和潛能，產生巨大的力量，從而克難制勝，成就事業。當前，改革正處攻堅時，發展又到關鍵期，穩定呈現新特點。針對我省用地更趨緊張、用電更為短缺等問題，以及改革和發展中遇到的各種困難，我們要以對黨和人民的事業高度負責的政治責任感，善於把中央的要求與本地實際結合起來，解放思想，實事求是，與時俱進，創造性地開展工作。浙江改革開放二十多年走過的道路，就是一條在不斷克服困難中前進的改革創新之路，就是一段"發展出題目，改革做文章"的歷程。困難是壓力，困難是挑戰，困難中往往也蘊藏著機遇，克服困難也就意味著抓住了機遇，贏得了先機。各級領導幹部要勇於迎難而上，破難而進，變壓力為動力，化不利為有利；要敢於負責任、挑擔子，不求全責備，不因噎廢食，以捉蟲護花的態度，多打氣鼓勁，在實踐中切實保護好、調動好、發揮好廣大幹部群眾的積極性和創造性，努力營造寬鬆的發展環境，進一步增強浙江的發展活力。

【註釋】

[1] 見毛澤東《在中國共產黨第八屆中央委員會第二次全體會議上的講話》（《毛澤東文集》第 7 卷，人民出版社 1999 年版，第 162 頁）。

努力具備符合時代要求的知識結構

（二〇〇四年三月二十九日）

當今時代，科學技術迅猛發展，各種知識層出不窮，迫切要求我們每個同志特別是領導幹部加強學習，提高素質，努力具備符合時代要求的知識結構。黨的十六大提出，要構建終身教育體系，"形成全民學習、終身學習的學習型社會，促進人的全面發展"[1]。這是一個關係到中華民族能否持續發展、能否實現民族復興大業的戰略問題。

我們黨自建黨以來，始終把加強自身學習作為黨員幹部的一項重要任務。毛澤東同志提出了"改造我們的學習"[2]的號召。鄧小平同志說："學習是前進的基礎。在不斷出現的新問題面前，我們黨總是要學，我們共產黨人總是要學，我們中國人民總是要學。"[3]在新的歷史條件下，江澤民[4]同志再三強調學習的重要性和緊迫性。以胡錦濤同志為總書記的中央領導集體身體力行，在加強學習上為全黨樹立了榜樣。

面對我們的知識、能力、素質與時代要求還不相符合的嚴峻現實，我們一定要強化活到老、學到老的思想，主動來一場"學習的革命"，切實把外在的要求轉化為內在的自覺，成為自己的一種興趣、一種習慣、一種精神需要、一種生活方式。

【註釋】

[1] 見江澤民《全面建設小康社會，開創中國特色社會主義事業新局面》（《江澤民文選》第 3 卷，人民出版社 2006 年版，第 543 頁）。

[2] 見毛澤東《改造我們的學習》（《毛澤東選集》第 3 卷，人民出版社 1991 年版，第 795 頁）。

[3] 見鄧小平《目前的形勢和任務》（《鄧小平文選》第 2 卷，人民出版社 1994 年版，第 270 頁）。

[4] 江澤民，1926 年生，江蘇揚州人。曾任中國共產黨中央委員會總書記，中華人民共和國主席，中國共產黨中央軍事委員會主席，中華人民共和國中央軍事委員會主席。"三個代表"重要思想的主要創立者。

人無壓力輕飄飄

（二〇〇四年四月六日）

　　現在有些領導幹部，說得頭頭是道，拍腦袋定決策，拍胸脯作保證，但在工作中往往作風漂浮，抓而不實，熱衷於做表面文章。他們嘴上說過，會上講過，就算工作幹過了。人無壓力輕飄飄，井無壓力不噴油。鬆鬆垮垮是要出事的，安全生產事故頻發就是例子。其實各種規章制度都有，關鍵是措施不落實，制度不到位。有些領導幹部對下級只表揚不批評，做老好人，這對工作是有害的。我們提倡的是，不僅要表揚，還要敢於批評。考核也不能只考核優秀，還要評不合格的。不合格就是不合格，該一票否決的就一票否決，一定要旗幟鮮明，賞罰分明。當前全省開展機關效能建設，關鍵是要切實改進工作方式，轉變工作作風。不要只會臨淵羨魚，而要退而結網；不要停留在一般號召，而要知實情、出實招、求實效；不要有頭無尾或虎頭蛇尾，而要持之以恆，堅持不懈。要圍繞工作重點，細化工作目標，明確工作任務，落實工作舉措，提高工作效能，不斷推動各項工作上新台階。

要跳出“三農”抓“三農”

（二〇〇四年四月九日）

　　“三農”問題不僅事關農民利益，而且事關全局發展，是全黨工作的重中之重。近幾年來，我省各級黨委、政府高度重視“三農”工作，取得了積極的成效。但也要清醒地看到，“三農”工作依然面臨嚴峻的挑戰：提高農業效益、建設現代農業，面臨農業生產經營方式落後和農產品流通方式落後的制約；改變農村面貌、建設現代農村，面臨城市帶動、輻射能力弱和投入結構不合理的制約；加快農民轉移、提高農民收入，面臨就業、社保、戶籍、教育等城鄉分割的體制制約。可以說，我省正處在解決“三農”問題的關鍵時期，就“三農”論“三農”，已經難以從根本上解決“三農”問題。我們只有跳出“三農”抓“三農”，用統籌城鄉發展的思路和理念，才能切實打破農業增效、農民增收、農村發展的體制性制約，從根本上破解“三農”難題，進一步解放和發展農村生產力，加快農業農村現代化建設。也就是說，統籌城鄉發展是解決“三農”問題的根本途徑。

實現經濟發展和生態建設雙贏

（二〇〇四年四月十二日）

　　科學發展觀是一個系統的理論，是當前必須認真貫徹的指導經濟社會協調發展的重要思想。不樹立和落實科學發展觀，就不可能在今後的發展中走一條正確的道路。科學發展觀，強調經濟增長不等於經濟發展，經濟發展不單純是速度的發展，經濟的發展不代表著全面的發展，更不能以犧牲生態環境為代價。人無遠慮，必有近憂。不和諧的發展，單一的發展，最終將遭到各方面的報復，如自然界的報復等。發展，說到底是為了社會的全面進步和人民生活水平的不斷提高。抓生態省建設，是我省落實科學發展觀的重要體現，就是要追求人與自然的和諧相處，就是要實現經濟發展和生態建設的雙贏。

從全局高度統籌城鄉發展

（二〇〇四年四月十九日）

　　科學發展觀的內涵極為豐富，涉及經濟、政治、文化、社會發展各個領域，其根本要求是統籌兼顧，具體要求是"五個統籌"[1]。統籌城鄉發展居"五個統籌"之首，是科學發展觀的重要內容和體現。近幾年來，我省經濟快速發展，生產總值年均增長百分之十三以上，城鄉面貌發生深刻變化，城鄉居民生活有較大改善。但我們也要清醒地看到，在城市建設突飛猛進、城鄉居民收入快速增長的背後，隱藏著較大的城鄉差距，農村教育、文化、衛生、體育等社會事業以及基礎設施建設遠遠落後於城市，農民的收入水平、生活水平和質量與城市居民的差距還在擴大。如何扭轉城鄉差距擴大的趨勢，打破城鄉分割的體制和結構，把城鄉發展作為一個整體，科學籌劃、協調推進，形成以城帶鄉、以鄉促城、城鄉互動的發展格局，這是科學發展觀的必然要求，也是我們貫徹落實堅持以人為本，樹立全面、協調、可持續的發展觀，促進經濟社會和人的全面發展的具體行動。

【註釋】

[1] "五個統籌"，指統籌城鄉發展、統籌區域發展、統籌經濟社會發展、統籌人與自然和諧發展、統籌國內發展和對外開放的要求。這是 2003 年 10 月中國共產黨第十六屆三中全會通過的《中共中央關於完善社會主義市場經濟體制若干問題的決定》中提出的。

要樹立新的穩定觀

（二〇〇四年四月二十日）

　　當前，由人民內部矛盾引發的群體性事件，已成為影響社會穩定的一個突出問題。針對這一新特點，我們要用聯繫的觀點抓穩定，正確認識影響社會穩定的新情況、新特點，善於全面分析相互交織在一起的各種政治、經濟、文化的因素，妥善把握工作展開的重點、步驟、時機與力度；用發展的觀點抓穩定，努力做到在經濟社會的動態發展中，不斷破解發展對穩定提出的新課題，不斷探索做好維護穩定工作的有效方法和手段，不斷建立完善維護穩定的各項工作機制；用辯證的觀點抓穩定，具體分析和區別對待各種不同性質的矛盾，敏於洞察矛盾，敢於正視矛盾，勤於分析矛盾，善於化解矛盾，最大限度地減少各類矛盾對社會穩定的影響。要建立健全黨委、政府統一領導協調，各部門各負其責，齊抓共管的維護穩定工作機制，認真落實黨政領導、職能部門、社會團體等在維護穩定中的責任，不斷強化打擊職能，充分發揮調節職能，依法履行管理職能，扎實推進維護穩定的各項工作。

機遇總是垂青勇於競爭的人

（二〇〇四年五月一日）

市場競爭是一個動態過程，如果稍有懈怠，原有的先發優勢就會削弱，已有的比較優勢也會失去。隨著市場經濟體制改革不斷深入和我國加入世貿組織後進一步擴大開放，全國各地特別是一些周邊地區招商引資活動異常活躍，高招迭出；開拓國際市場力度不斷加大，出口增速明顯加快。我省在對外開放中能不能充分發揮好現有比較優勢，就看我們的競爭意識強不強，看我們的工作力度大不大，看我們的工作做得實不實。機遇總是垂青勇於競爭的人。面對激烈的市場競爭，我們決不能有絲毫懈怠，不能滿足於現狀，一定要有謙虛的態度，樹立不進則退、慢進也是退的競爭意識，清醒認識形勢，順應擴大開放的趨勢，站在全局和戰略的高度，正確把握時代發展的趨勢，努力從國際國內形勢的相互聯繫中把握發展方向，從國際國內條件的相互轉化中用好發展機遇，從國際國內資源的優勢互補中創造發展條件，從國際國內因素的綜合作用中掌握發展全局，進一步增強工作主動性和創造性，在擴大對外開放上，花更大的力氣，作更大的努力，牢牢把握發展的主動權，努力爭創我省對外開放新優勢。

讓生態文化在全社會扎根

（二〇〇四年五月八日）

　　推進生態省建設，既是經濟增長方式的轉變，更是思想觀念的一場深刻變革。從這個意義上說，加強生態文化建設，在全社會確立起追求人與自然和諧相處的生態價值觀，是生態省建設得以順利推進的重要前提。生態文化的核心應該是一種行為準則、一種價值理念。我們衡量生態文化是否在全社會扎根，就是要看這種行為準則和價值理念是否自覺體現在社會生產生活的方方面面。如在產業發展中，是否認真制定和實施環境保護規劃；在城市建設中，是否全面考慮建築設計、建築材料對城市生態環境的影響；在產品生產中，是否嚴格執行綠色環保和質量安全標準；在日常生活中，是否自覺注意環境衛生、善待地球上的所有生命等。對照這一要求，必須承認我們在許多方面還相距甚遠，在現實生活中違法排污、違規建築、亂砍亂伐、亂掘亂挖、亂捕濫殺等無視生態規律的行為還時有發生，究其深層原因是我們還缺乏深厚的生態文化。因此，進一步加強生態文化建設，使生態文化成為全社會的共同價值理念，需要我們長期不懈地努力。

生態省建設是一項長期戰略任務

（二〇〇四年五月十一日）

近年來，我們在生態省建設方面做了大量工作，成效比較明顯。但必須清醒看到，生態省建設是一項長期的戰略任務。搞生態省建設，好比我們在治理一種社會生態病，這種病是一種綜合征，病源很複雜，有的來自不合理的經濟結構，有的來自傳統的生產方式，有的來自不良的生活習慣等，其表現形式也多種多樣，既有環境污染帶來的"外傷"，又有生態系統被破壞造成的"神經性症狀"，還有資源過度開發帶來的"體力透支"。總之，它是一種疑難雜症，這種病一天兩天不能治癒，一副兩副藥也不能治癒，它需要多管齊下，綜合治理，長期努力，精心調養。

古人講："知之非艱，行之唯難。"[1] 生態省建設是發展模式的轉變，涉及經濟社會發展各個方面，我們對生態省建設面臨的困難和矛盾要有足夠的估計，對生態省建設的長期性和艱巨性要有清醒的認識。只有認真分析生態省建設面臨的嚴峻形勢，做好打持久戰的思想準備，才能面對困難不退縮，碰到矛盾不迴避，真正沉下身子，痛下決心、真下決心，腳踏實地，埋頭苦幹，真正實現經濟社會可持續發展。

【註釋】

[1] 參見《尚書・說命中》。原文是："非知之艱，行之惟艱。"《尚書》是中國古代
   的一部歷史文獻彙編，主要編入商、周兩代統治者的一些講話紀錄。又稱《書》。

要拎著"烏紗帽"為民幹事

（二〇〇四年五月十二日）

我們的各級領導幹部是人民的勤務員，我們的職權是人民賦予的，我們的責任就是向人民負責。所以，每一個領導幹部都要拎著"烏紗帽"為民幹事，而不能捂著"烏紗帽"為己做"官"。

拎著"烏紗帽"為民幹事，就要把黨和人民的事業放在第一位，把自己擔任的領導職務看做是黨和人民賦予的重託和責任，如履薄冰、如臨深淵，兢兢業業、殫精竭慮，時刻把人民的安危和貧富掛在心上；隨時準備為黨的事業和人民的需要捨棄隨著領導職務而來的個人權力、待遇和榮耀。捂著"烏紗帽"為己做"官"，就是一事當前先為自己打算，對權力、榮耀和利益津津樂道，而把黨和人民的希望和重託放在次要位置上。無事時工作得過且過，一旦遇到事關群眾利益和生命財產安全的重大事故，首先不是想著人民群眾的冷暖安危，而是千方百計強調客觀原因，推卸責任，保全自己。

現在與過去相比，領導幹部的工作條件要好得多，權力也大得多，個人待遇也有很大提高。但權力不是一種榮耀，而是一副擔子，意味著領導責任。它要求各級領導幹部必須恪盡職守，勇於負責。特別是出了事要有嚴於責己和承擔責任的勇氣。我們的領導幹部要時刻牢記：黨和人民把我們放在領導崗位上是為人民幹事，而不是做"官"的；人的生命最為寶貴，群眾利益高於一切，領導責任重於泰山。"烏紗帽"再大，也大不過人民的生命財產安全和群眾的切身利益。

維護社會和諧穩定同樣是政績

（二〇〇四年五月十七日）

省委一直強調："富裕與安定是人民群眾的根本利益，致富與治安是領導幹部的政治責任。" 推進經濟發展是政績，維護社會和諧穩定同樣是政績。

實踐證明，只有社會和諧穩定，國家才能長治久安，人民才能安居樂業。人民群眾企盼生活幸福，但幸福生活首先必須保證社會和諧穩定。深入實施 "八八戰略"，必須深化改革、促進發展；而無論是改革還是發展，都需要和諧穩定的社會環境來保證，沒有和諧穩定的社會環境，改革不可能深化，發展更無從談起。建設 "平安浙江"[1]，既是 "八八戰略" 的深化、細化、具體化，又是深入實施 "八八戰略" 的重要保證。如果不注重 "社會更加和諧"，就不可能實現更高水平的全面小康，更談不上實現現代化。所以，領導幹部必須樹立正確的政績觀，堅持 "兩手過硬"，學會 "十指彈琴"，把建設平安社會、促進和諧穩定放在十分重要的位置，努力做好這方面工作，推動三個文明協調發展。

【註釋】

[1] “平安浙江”，指 2004 年 5 月中共浙江省委第十一屆六次全體（擴大）會議全面
部署的建設“平安浙江”工作。總體目標是：“促進浙江省經濟更快發展、政治
更加穩定、文化更加繁榮、社會更加和諧、人民生活更加安康。”具體目標是：
“確保社會政治穩定，民主法制建設得到加強；確保治安狀況良好，人民群眾
的安全感繼續保持全國前列；確保經濟運行穩健，國民經濟持續快速協調健康
發展；確保安全生產狀況穩定好轉，各類事故高發多發的態勢和重特大事故得
到有效遏制；確保社會公共安全，防範和處置各類公共突發事件的能力明顯增
強；確保人民安居樂業，人民群眾的物質文化生活水平不斷提高。”

要"平安"，不要"平庸"

（二○○四年五月十九日）

　　要正確處理改革發展穩定的關係，既堅持穩定壓倒一切的方針，又堅持發展這個第一要務，堅持改革開放的路線。改革是動力，發展是目的，穩定是前提，這是十分清楚的三者關係。正是從這三者關係出發，省委綜合考慮經濟、政治、文化諸多因素，從大的概念、大的範疇作出建設"平安浙江"的戰略決策。發展始終是硬道理。不能以為我們現在強調"平安"，改革與發展就可以放鬆了；更不能以為在改革與發展的過程中出現了一些影響"平安"的問題，就因噎廢食，不事改革，不抓發展，"不求有功，但求無過"，當"太平官"。這樣不是"平安"而是"平庸"，這樣既不能保百姓的"平安"，也不能保"官位"的"平安"。對幹部改革與發展的積極性，要堅決予以保護；同時，對幹部因工作不負責任造成嚴重後果的，要堅決予以追究。我們要的是經濟、政治、文化和社會各方面都和諧穩定發展的"平安"，而不是無所作為的"平庸"。

面對面做好群眾工作

（二〇〇四年五月二十四日）

　　領導幹部在急難險重等關鍵時刻，應該衝在最前列；面對目前大量的群眾信訪問題，領導幹部也應站在最前面，面對面地做好群眾工作。

　　我省去年以來實行的領導下訪制度，就是面對面做好群眾工作的有效方法。通過領導幹部下訪接待群眾，各地解決了一大批群眾反映強烈的問題。變群眾上訪為領導下訪，不是信訪工作的唯一形式，也不是越俎代庖，取代基層工作，而是一種思想觀念的轉變，一種工作思路的創新，一種行之有效的機制，一種發揚民主、體察民情、聯繫群眾的重要渠道。這有利於進一步暢通與基層群眾交流溝通的渠道，有利於面對面地檢查督促基層信訪工作，有利於發現傾向性問題，深化規律性認識。提倡面對面做好群眾工作，體現了立黨為公、執政為民的本質要求，體現了我們黨密切聯繫群眾的優良傳統和作風，體現了領導幹部權為民所用、情為民所繫、利為民所謀的具體實踐，必須始終堅持下去。

領導幹部要歡迎輿論監督

（二〇〇四年五月二十六日）

我們的權力是人民賦予的，領導幹部作為人民的公僕，必須自覺接受監督。黨的十六大提出，要把黨內監督、法律監督、群眾監督結合起來，發揮輿論監督的作用。各級領導幹部都要歡迎輿論監督，主動接受輿論監督，通過運用輿論監督，改正缺點和錯誤，努力把工作做得更好。新聞輿論部門的同志要遵守新聞紀律，做到反映情況客觀真實，鼓勁幫忙而不添亂。特別應注意不報假新聞，不炒作可能引發各類事件的所謂熱點新聞。要不斷改進新聞宣傳工作，圍繞中心抓好重大主題報道，提高輿論監督水平，改進重大突發事件報道，健全這方面報道工作的快速反應和應急協調機制，認真落實和完善新聞發佈制度，牢牢掌握新聞信息傳播的主動權。新聞輿論要唱響團結穩定鼓勁的主旋律，及時準確地傳播黨的聲音，積極有效地做好釋疑解惑工作，形成有利於促進社會和諧穩定的良好氛圍。

辦節要降溫

（二〇〇四年五月二十八日）

　　這些年來，全省各地辦節很熱鬧。總體上說辦節有利於經濟發展，但過多過濫則會適得其反。從我省實際情況看，辦節要降溫。有的節慶活動，在熱熱鬧鬧的歌舞晚會中開場，在各方來賓的迎來送往中結束，鋪張浪費嚴重，既無很好的經濟效益，又無明顯的社會效益。對此，人民群眾反映強烈，而且還造成一些安全隱患。全省各地都要嚴格控制辦節。進一步加強重大節慶活動的申辦管理和安全管理工作，堅持“誰主辦、誰負責，誰審批、誰監管”的原則，加強領導，嚴密組織，落實節慶活動的安全責任和措施，確保萬無一失。安全沒有把握的，堅決停辦，否則出了問題要嚴肅追究有關領導責任。

努力提高新聞質量和水平

（二〇〇四年六月十一日）

　　新聞媒體要堅持服務中心、服務大局，堅持貼近實際、貼近生活、貼近群眾，堅持以正確的輿論引導人，充分發揮黨的喉舌和輿論引導的作用。要把新聞報道擺上重要位置，在思想上高度重視，在工作中切實抓好。要保證新聞的播出時間，既做到準時播出，又要使一些在第一時間看不到的人能在第二時間補上。要認真執行改革新聞報道工作的各項規定，始終堅持以正面宣傳為主，及時把黨的聲音傳達給廣大人民群眾，充分反映我們黨密切聯繫群眾、關心群眾疾苦的內容。要更多地採用群眾喜聞樂見的形式，不斷增強新聞宣傳的生動性、可看性，努力提高新聞宣傳的質量和水平。

要把困難當作機遇

（二〇〇四年六月十四日）

當前，在一些地方的領導幹部中，存在著畏難情緒，感到宏觀調控加強，要素供給緊張了，特別是嚴格執行領導責任追究制，工作壓力越來越大了。在這種情況下，如何正確引導廣大幹部認清形勢，統一思想，振奮精神，迎難而上，是一個十分重要的問題。

經過改革開放二十多年的發展，浙江經濟社會發展正進入一個新的關鍵時期。要保持經濟持續、快速、協調、健康發展，我們客觀上面臨著一些困難。面對困難，有兩種態度，一種是只看到挑戰的一面，看不到機遇，被困難嚇倒，止步不前；另一種是既看到挑戰，更看到機遇，勇敢地迎接挑戰，化壓力為動力，克難攻堅，奮勇向前。

在困難面前，各級領導幹部不應該消極畏難，無所作為，更不能怨天尤人，而應該堅定信心，千方百計克服困難。要視困難為考驗，把挑戰當機遇，變被動為主動。困難是一道坎，是一道分水嶺。就像鯉魚跳龍門，跳過去就是一片新天地，進入一種新境界。當前挑戰與機遇並存，但是，機遇始終大於挑戰。我們要堅決貫徹中央宏觀調控政策，把加強宏觀調控作為調整結構、深化改革、轉變增長方式的一個重要機遇，進一步苦練內功，大力推進科技進步，更加重視人才作用，堅持“走出去”戰略，不斷擴大發展空間，最大限度地調動一切積極因素，堅定不移地把中央的有關政策措施落實到位，努力促進浙江全面、協調、可持續發展。

領導幹部要有良好的精神狀態

（二〇〇四年六月十六日）

　　良好的精神狀態，是做好一切工作的重要前提。領導幹部在工作順利的時候，保持良好的精神狀態並不難，難的是在面對眾多矛盾和問題時、遇到困難和挫折時，能夠始終保持昂揚向上、奮發有為的精神狀態。

　　當前，經濟發展中不同程度地遇到了土地、資金、電力等要素制約的矛盾困難，一些幹部產生了畏難情緒，這對當前的發展，對黨和人民的事業是有害的。在任何時候，做任何工作，都會有矛盾、有困難，解決矛盾和困難是對領導幹部工作能力和水平的考驗。滄海橫流方顯英雄本色。面對矛盾和困難，我們要有革命樂觀主義的精神，要有大無畏的氣概，要有克難攻堅的勇氣，從戰略上藐視矛盾和困難，在戰術上重視矛盾和困難，千方百計化解矛盾，戰勝困難，這才能顯出領導幹部的真本領、硬功夫。沒有矛盾和困難，還要我們這些共產黨的領導幹部幹什麼？現在，要想順順當當當太平官是不可能的。當官就要為民辦實事，幹工作就是同矛盾和困難作鬥爭。不是僅僅不貪污，不腐敗就可以了。如果面對困難垂頭喪氣，佔著位置毫無作為，那還是一個不合格的領導幹部。

辦法就在群眾中

（二〇〇四年六月二十一日）

在困難面前，是束手無策、畏縮不前，還是克難攻堅、奮力前行？作為領導幹部理所應當選擇後者，應該千方百計採取切實可行的好措施、好辦法，努力解決困難。好措施、好辦法哪裏來？答案是從群眾中來。

群眾的實踐是最豐富最生動的實踐，群眾中蘊藏著巨大的智慧和力量。我們一定要認真貫徹黨的群眾路線，堅持從群眾中來到群眾中去，一切相信群眾，一切依靠群眾，一切為了群眾。要解決矛盾和問題，就要深入基層，深入群眾，拜群眾為師，深入調查研究。省委作出的實施"八八戰略"和建設"平安浙江"的決策部署，都是在深入調查研究的基礎上形成的。調查研究多了，情況了然於胸，才能夠找出解決問題、克服困難的辦法，作出正確決策，推進工作落實，才能夠不斷增進與群眾的感情，多幹群眾急需的事，多幹群眾受益的事，多幹打基礎的事，多幹長遠起作用的事，扎扎實實把改革開放和現代化建設推向前進。

要學會十指彈琴

（二〇〇四年六月二十三日）

　　唯物辯證法告訴我們，事物與事物之間都是彼此聯繫、不可分割的。我們在推進改革開放和現代化建設過程中，如果孤立地、片面地、簡單地看問題，就會犯形而上學的錯誤。

　　中央提出樹立和落實科學發展觀，加強宏觀調控，省委提出實施"八八戰略"、建設"平安浙江"，這些都是為了促進改革開放和現代化建設事業更快更好地發展。現在一些同志思想方法、工作方法簡單化，往往片面理解上級的精神，抓工作強調一面而忽視另一面，認為現在強調宏觀調控、建設"平安浙江"，就可以放慢發展，這種認識是片面的，是不正確的。領導幹部一定要學會全面辯證地看問題，在認識論上要有辯證統一的思想，在方法論上要學會統籌兼顧，在具體工作中要學會"十指彈琴"。我們強調發展不是不要穩定，強調穩定平安也不是忽視發展。我們要的是全面、協調、可持續的發展，加強宏觀調控也是為了實現更好、更快、更健康的發展。

注意保護和調動基層幹部積極性

（二〇〇四年六月二十五日）

　　廣大基層幹部工作在第一線，是推進黨的路線方針政策貫徹落實的重要力量。他們面對的工作千頭萬緒，遇到的問題錯綜複雜，在當前經濟社會發展遇到一些困難、基層工作難度和壓力加大的情況下，保護好、調動好、發揮好基層幹部的積極性，是加強基層幹部隊伍建設的一項重要內容，也是深入實施"八八戰略"、建設"平安浙江"的客觀要求。各級黨委、政府和領導幹部要深入了解廣大基層幹部的所思、所想、所盼，對他們的工作要多理解、多支持，對他們的生活要多關心、多幫助。特別是他們在工作中遇到困難和問題時，不要一味責怪，要多鼓勁打氣，要加強指導，與他們一起分析原因，尋求解決問題的辦法。要深入實際，抓住典型，解剖麻雀，舉一反三，總結基層創造的好做法、好經驗，不斷完善提高，並予以推廣。

成才必須先學做人

（二〇〇四年七月十九日）

　　"子不教，父之過。"[1] 家庭是未成年人接受思想道德教育的第一課堂，父母是孩子的第一任老師。家長們"望子成龍"、"望女成鳳"，這是無可非議的，但孩子要成才，必須先學做人。人而無德，行之不遠。沒有良好的道德品質和思想修養，即使有豐富的知識、高深的學問，也難成大器。要引導家長改變重知輕德的傾向，在關心孩子學業成績的同時，重視對孩子的思想品德教育，促進孩子全面發展。家長的言行舉止在孩子眼中是無形的示範，應注意自身良好的品行修養，使孩子在健康向上、溫馨和睦的家庭環境中成長成才。各級有關部門和學校要承擔起指導家庭教育的責任，通過家長學校、家庭指導中心、家訪等多種形式，引導家長樹立正確的成才觀，掌握科學的教育方法，善於與孩子溝通，尊重孩子的獨立人格，學會鼓勵孩子的方法。特別要關心單親家庭、困難家庭、流動人口家庭的未成年子女教育，一視同仁地納入各地學校教育，熱情為他們提供指導和幫助，把所有孩子都培養成對社會有用之人。

【註釋】

[1] 見《三字經》。《三字經》是中國古代的蒙學課本。相傳為南宋王應麟（一說為宋末區適子）所編。經明、清陸續補充。內容側重道德教育，三言韻語，便於記誦。

認真實施關係億萬家庭切身利益的民心工程

（二○○四年七月二十一日）

　　未成年人的健康成長，涉及億萬家庭的幸福，關係廣大群眾的根本利益。子女健康成長成才，是許多家長的最大心願。當前未成年人思想道德建設面臨許多新情況、新問題：市場經濟發展中出現的消極方面，給未成年人健康成長帶來一些負面影響；互聯網、手機等新興媒體中傳播的一些腐朽落後文化和有害信息，對未成年人的成長產生不良作用；黨風、政風和社會風氣方面存在的一些消極腐敗現象，以及假冒偽劣、欺詐偷盜、封建迷信和“黃、賭、毒”等醜惡現象，直接危害未成年人的身心健康；一些社會消極因素甚至誘發青少年違法犯罪。對此，為人父母者憂心忡忡，廣大幹部群眾呼聲強烈。所以，加強和改進未成年人思想道德建設，也是實踐“三個代表”重要思想，堅持立黨為公、執政為民本質要求的具體體現。我們一定要把這項民心工程辦實，把這項德政工程抓好，以實實在在的成效，努力實現最廣大人民群眾的根本利益。

精神文明建設要 "從娃娃抓起"

（二〇〇四年七月二十三日）

一個民族的文明進步，是在一代又一代人的傳承和發展中形成的。未成年人的思想道德狀況如何，直接關係到我們國家和民族未來的精神面貌。未成年人的工作，是事關未來的事業，是決定中華民族綜合素質不斷提高的基礎工作。只有"從娃娃抓起"，才能奠定社會主義精神文明的堅實基礎。

加強和改進未成年人思想道德建設，不是權宜之計，而是一項長期的艱巨的戰略任務。我們要從培養未成年人的愛國情感、遠大志向、文明習慣、良好素質等這些基本工作做起，真正把它作為精神文明建設的重中之重。現在有一個現象值得重視，就是童謠低俗化、成人化的現象比較突出。還有的亂改古詩，亂編"脫口秀"。兒童辨別是非的能力不強，抵抗誘惑的能力也很弱。童謠的健康與否關係著孩子的"精神空間"和"心理空間"，對孩子的成長影響深遠。二十世紀六十年代出生的兒童是唱著《學習雷鋒好榜樣》、《讓我們蕩起雙槳》長大的，深受革命傳統教育和奉獻精神的熏陶；七十年代出生的兒童是伴著《歌聲與微笑》、《小螺號》的歌聲成長的，盡顯勞動的淳樸和追求幸福的信心；八十年代出生的兒童是在《丟手絹》、《小小少年》的陪伴下自由成長的，兒童無邪、靈活的天性發揮得淋漓盡致。現今兒童的思想構成遠比我們想象的要複雜得多，另一方面也說明現有的兒童文學作品、兒歌不能滿足現今孩子們的思想發展需要，必須加大思想道德建設力度，努力為未成年人提供豐富多彩的精神文化產品。

對腐敗多發領域要加強防範

（二〇〇四年七月二十六日）

這些年來，腐敗問題在一些經濟工作部門屢屢發生，對此我們要注重探索特點，尋求規律，切實加強腐敗多發領域和重要部位、關鍵崗位的廉政工作，要進一步完善制度，強化監督，努力把反腐倡廉工作做得更扎實有效。

鄧小平同志說："制度好可以使壞人無法任意橫行，制度不好可以使好人無法充分做好事，甚至會走向反面。"[1] 黨的建設的經驗證明，加強黨內監督和紀律建設，必須要有嚴格的制度規範。制度建設更帶有根本性、穩定性和長期性，是黨內監督工作和紀律建設持續深入健康發展的重要保證。我們要堅決貫徹執行《黨內監督條例（試行）》和《黨紀處分條例》的各項規定，從浙江實際出發，抓緊制定與兩個《條例》相配套的具體制度，該強化的要強化，該修訂的要修訂，該廢止的要廢止，特別要盯住那些腐敗問題的多發領域和重要部位，配好配強在關鍵崗位擔負責任的領導幹部，採取切實有效措施，通過狠抓防範制度和有關規定的落實，把反腐倡廉工作的關口前移，使黨內監督和紀律處分的各項制度更為完善、更加健全、更具實效。

【註釋】

[1] 見鄧小平《黨和國家領導制度的改革》（《鄧小平文選》第 2 卷，人民出版社 1994 年版，第 333 頁）。

關口前移，懲防並舉

（二〇〇四年七月二十七日）

通過加強監督和紀律教育，力求對一些幹部的問題早發現、早提醒、早制止、早糾正，做到關口前移，未雨綢繆，防患於未然，這實際上是對幹部關心愛護的最好體現。

堅持關口前移，著眼防範，強化紀律教育和事前監督，使領導幹部不犯或少犯錯誤，這是頒發兩個《條例》的本意所在。《黨內監督條例（試行）》既明確了黨員幹部在監督方面可以充分行使的權利，也對他們作為被監督者必須履行的義務作了明確規定，有助於培養和增強廣大黨員的監督意識和紀律觀念。《黨紀處分條例》科學總結了我們黨長期以來的實踐經驗，規定在處理違反黨紀的黨組織和黨員時，實行懲戒與教育相結合，做到寬嚴相濟，以體現“懲前毖後、治病救人”和重教育、重挽救的原則。我們要堅持標本兼治、綜合治理，懲防並舉、注重預防的總體反腐敗工作思路，建立健全與社會主義市場經濟體制相適應的教育、制度、監督並重的懲治和預防腐敗體系的要求，充分彰顯懲治腐敗的警示作用。

努力把"不能為、不敢為、不想為"的工作抓實做細

（二〇〇四年八月二日）

通過制約權力和懲治濫用權力行為來保證權力的正確運行，是監督和紀律的最主要功效。執紀監督的過程，就是規範行為的過程，就是糾偏補正的過程。《黨內監督條例（試行）》側重從加強事前、事中監督的角度，強化正面教育，預警在先，對領導幹部的從政行為加以限制和規範，通過嚴格制度規範讓其"不能為"。《黨紀處分條例》則從事後查處的角度，加強反面教育，使黨員領導幹部充分認識到違法違紀的危害，通過強化警示作用使其"不敢為"。要深入推進這兩個《條例》的學習教育，不斷提高黨員領導幹部的思想境界、監督意識和紀律觀念，通過增強自身"免疫力"促其"不想為"。總之，我們要不斷強化"不能為"的制度建設、"不敢為"的懲戒警示和"不想為"的素質教育，努力把反腐倡廉的工作抓實做細。

莫把制度當"稻草人"擺設

（二〇〇四年八月六日）

各項制度制定了，就要立說立行、嚴格執行，不能說在嘴上，掛在牆上，寫在紙上，把制度當"稻草人"擺設，而應落實到實際行動上，體現在具體工作中。

現在執行制度難，主要原因是一些幹部當"老好人"，不願得罪人，你好我好大家好，不講原則講人情，不講黨性講關係，甚至批評也變成了變相的表揚。開展積極的批評與自我批評是事業的需要，是對幹部的愛護，是黨內政治生活的一種方式。批評的目的是促使當事人改正缺點和錯誤，其他同志引以為戒。如果批評不得，聽不進不同意見，我們的事業還怎麼進行？說到底，當"老好人"和批評不得，是個人私心雜念在作祟，這也是一種不正之風，是機關效能建設要努力解決的一個問題。我們要在狠抓制度的貫徹落實上下工夫，積極開展批評和自我批評，開展經常性的監督檢查，嚴肅查處違反制度的人和事，充分發揮新聞媒體的監督作用，該曝光的要曝光，該通報的要通報，該懲處的要懲處，做到令行禁止、違者必究，努力使制度成為機關幹部自覺遵守的行為準則。

在更大的空間內實現更大發展

（二〇〇四年八月十日）

　　目前，我省正處在進一步擴大開放的關鍵時期。浙江土地面積小、自然資源相對貧乏，要有效解決我省發展中的資源要素問題，在新一輪競爭中佔據主動，不能僅僅局限在十萬一千八百平方公里區域面積上做文章，必須跳出浙江發展浙江，在大力引進各種要素的同時打到省外去、國外去，利用外部資源、外部市場實現更大的發展。

　　有人提出一種“地瓜理論”，非常生動形象地描述了“跳出浙江發展浙江”的現象。地瓜的藤蔓向四面八方延伸，為的是汲取更多的陽光、雨露和養分，但它的塊莖始終是在根基部，藤蔓的延伸擴張最終為的是塊莖能長得更加粗壯碩大。同樣，我們的企業走出去，主動接軌上海、主動參與西部大開發和東北地區等老工業基地改造，主動參與國際市場的競爭，在省外、國外建設我們的糧食基地、能源原材料基地和生產加工基地，並非資金外流、企業外遷，這是在更大的範圍配置資源、在更大的空間實現更大發展的需要，是“跳出浙江發展浙江、立足全國發展浙江”的需要。對此我們一定要正確認識，積極推動，樂觀其成。

既看經濟指標，又看社會人文環境指標

（二〇〇四年八月二十六日）

　　政績觀與發展觀密切相連。有什麼樣的政績觀，就會有什麼樣的發展觀，反之亦然。一段時間以來，一些幹部在“發展”問題上產生了誤區，把“發展是硬道理”片面地理解為“經濟增長是硬道理”，把經濟發展簡單化為 GDP 決定一切。在這種片面發展觀的指導下，一些地方出現了以經濟數據、經濟指標論英雄的片面的政績觀，甚至搞“形象工程”、“政績工程”，結果給地方發展帶來了包袱和隱患，並引發了諸多社會矛盾和問題。由此可見，在發展觀上出現盲區，就會在政績觀上陷入誤區；在政績觀上出現偏差，就會在發展觀上偏離科學。這無論是發展觀還是政績觀上的問題，都會削弱黨的執政能力。今後衡量領導幹部政績，首先要堅持群眾公認、注重實績的原則，並以此作為考評幹部的重要尺度。其次要完善考評內容，把發展思路是否對頭，發展戰略是否正確，能否處理好數量與質量、速度與效益的關係，作為考察領導幹部是否樹立了正確的政績觀的重要內容。在考核中，既看經濟指標，又看社會指標、人文指標和環境指標，切實從單純追求速度變為綜合考核增長速度、就業水平、教育投入、環境質量等方面內容。

發展旅遊經濟要堅持創新與繼承相統一

（二〇〇四年九月三十日）

　　加快發展旅遊經濟，建設旅遊經濟強省，必須堅持創新與繼承相統一，在繼承中創新，在創新中發展，不斷求新、求變、求精，大力弘揚優秀的民族文化和民族精神。要敢於"無中生有"，充分利用當地的旅遊資源，大膽開發旅遊項目，但"無中生有"不是簡陋低俗地建幾座廟宇，塑幾個菩薩，甚至宣揚封建糟粕，搞迷信活動；要善於"移花接木"，借鑒國內外現代旅遊發展經驗和做法，大膽吸收世界人類的文明成果，但"移花接木"不是盲目生搬硬套地模仿別人的旅遊項目，開辦幾個娛樂場所，甚至傳播資產階級的腐朽文化；要注重"推陳出新"，傳承歷史優秀文化，賦予時代發展內涵，但"推陳出新"不是胡亂"拆舊建新"，建幾條假古街，造幾座仿古樓，甚至用假古董破壞真古董，毀掉珍貴的文物。要把歷史文化與現代文明融入旅遊經濟發展之中，使旅遊成為宣傳燦爛文明和現代化建設成就的窗口，成為傳播科學知識和先進文化的重要陣地。

重視打造旅遊精品

（二〇〇四年十月八日）

隨著經濟發展和人民群眾生活水平不斷提高，以觀光為主的旅遊已不能滿足人們的需求。"求新、求奇、求知、求樂"的旅遊願望，要求我們不斷推出更多更好的旅遊產品。要以我省優秀自然資源和人文資源為主幹，突出"詩畫江南，山水浙江"主題，精心打造出更多體現浙江文化內涵、人文精神的特色旅遊精品，打響文化旅遊、休閒旅遊、商貿旅遊、生態旅遊、海洋旅遊五張品牌。加快申報世界自然與文化遺產、世界地質公園等工作的步伐，培育世界級品牌的旅遊產品。努力建設一批有規模、有品位、有特色，在海內外有較高知名度的旅遊景區景點，繼續辦好一批重大會展節慶活動，擴大國內外的影響。大力開展工業旅遊、農業旅遊、商務旅遊、休閒旅遊、名人旅遊、紅色旅遊等一批特色旅遊，積極拓展旅遊新領域。推出一批附加值高、工藝精緻、攜帶方便、有地方特色的旅遊商品，努力為國內外遊客提供豐富多彩的旅遊新品、名品和精品，不斷提高我省旅遊知名度，增強旅遊市場吸引力。

發展 "無煙工業" 也要可持續發展

（二〇〇四年十月九日）

　　旅遊經濟被稱為 "無煙工業"，與環境保護衝突小，但並不意味沒有矛盾。這些年來一些地方由於無序開發、盲目發展，造成對自然資源和生態環境損害的現象也時有發生。生態資源、風景名勝、文物古跡都是不可再生的資源，生態資源遭到破壞，人類生存環境就會惡化；風景名勝受到破壞，觀賞價值就大打折扣；文物古跡遇到破壞，人文價值就蕩然無存。生態資源和人文資源是發展旅遊的基礎，一旦破壞，旅遊經濟也成了無源之水、無本之木。我省歷史文化悠久，人文資源薈萃，優美的山水風光和深厚的文化底蘊，使我省發展旅遊經濟具有得天獨厚的優勢。發展旅遊經濟要堅持開發與保護並重，開發是發展的客觀要求，保護是開發的重要前提。只有科學合理的開發，才能促進旅遊經濟的快速發展。只有積極有效的保護，才能保證旅遊經濟的健康發展。我們要按照 "嚴格保護、合理開發、持續利用" 的原則，把我省豐富的生態資源和人文資源開發利用好，更要保護好，走資源節約、生態平衡、集約發展的道路，保證我省旅遊經濟可持續發展。

領導下訪是一舉多得的有益創舉

（二〇〇四年十月十一日）

　　領導下訪接待群眾，是深入貫徹“立黨為公、執政為民”本質要求，認真解決事關群眾切身利益的信訪問題的生動實踐，是按照中央的統一部署，集中處理信訪突出問題及群體性事件的具體體現，是從源頭上化解各類矛盾，促進社會和諧穩定的有力舉措。我省實行領導幹部下訪制度一年來的實踐證明，下訪不僅有利於檢查指導基層工作，還有利於促進基層工作的開展與落實；不僅有利於為群眾解決實際問題，還有利於培養幹部執政為民的思想作風；不僅有利於及時處理群眾反映的突出問題，還有利於密切黨群幹群關係；不僅有利於向群眾宣傳黨的路線方針政策，還有利於培養幹部把握全局、推進改革發展的能力。這是一項一舉多得的有益創舉。我們要進一步加強對這項工作的探索研究，不斷深化這項工作，切實把這件事關群眾切身利益和社會和諧穩定的大事做實、做細、做好。

基層幹部要把好信訪第一道崗

（二〇〇四年十月十三日）

　　變群眾上訪為領導主動下訪，是我們黨的優良傳統和作風，是每個領導幹部應盡的責任和義務。各級領導幹部，都是人民的勤務員。我們的責任，就是向人民負責，為群眾解難。既然群眾有信訪訴求，我們就應該千方百計去排憂，撲下身子去解決，切實履行"權為民所用、情為民所繫、利為民所謀"的莊嚴承諾。解決信訪問題應該分級負責，嚴格落實責任制。基層是群眾信訪的源頭，又是解決信訪反映問題的關鍵。基層工作千頭萬緒，廣大基層幹部長期處於一線工作，為人民群眾解決了大量的實際問題。在信訪工作中，基層幹部應該把好第一道崗。現在有一些基層幹部，或是思想方法不當，或是掌握政策不夠，或是工作本領不強，或是自身作風不正，不能及時有效地解決有些群眾的來信來訪問題。這就迫切需要各級領導機關和領導幹部身入心入，親自講政策、教方法，作示範、抓督查，以自身的傳幫帶，來指導基層工作，推進責任落實，帶領基層幹部共同處理群眾反映的突出問題，促使把這些問題解決在基層，化解在萌芽狀態。

領導下訪必須注重實效

（二〇〇四年十月十五日）

　　信訪工作直接關係群眾切身利益，必須堅持求真務實的作風，堅決杜絕作風漂浮、工作不實的現象。從省有關部門進行督查的情況看，各地還有少部分信訪件沒有辦結，群眾的滿意率還不是很高，其中一個重要原因是責任單位調處工作不到位。因此，深化領導下訪，必須注重實效，著力在解決問題、提高接訪質量上下工夫。對領導下訪接待的信訪件，要加大交辦督辦力度，加大協調力度，加大包案化解力度，對其中一些涉及成批性的信訪問題，有關部門要及時調查研究，提出治本之策，努力在切實解決問題上下工夫，在真正化解矛盾上做文章。

領導下訪的方式方法要不斷深化

（二〇〇四年十月十八日）

　　要把領導下訪，與常年接訪、定期約訪有機結合起來，把敞開式下訪與專題約訪或調研有機結合起來。除了領導下訪中事先公告、敞開接待等形式外，也可選擇一些涉及全省性的問題進行約訪或調研，然後出台政策，或在調研論證的基礎上，對不完善的政策進行修改調整，推動成批性問題的解決，以減少群體性上訪問題；也可就一些當地解決不了的跨地區、跨部門的信訪案件進行協調；也可以分類指導，根據當地情況選出一兩個熱點、難點問題，進行約訪。不管採取哪種形式，都要根據當地實際情況而定，目的是要提高接訪的效果，讓群眾滿意。

越是領導幹部，越要廉潔自律

（二〇〇四年十月二十一日）

　　保證各級領導幹部清正廉潔，是推進黨風廉政建設的首要任務，也是加強黨的執政能力建設的重要內容。黨的各級領導機關和領導幹部都掌握著一定的權力，把各級領導班子和領導幹部隊伍建設好，保證人民賦予的權力真正用來為人民服務，始終是我們黨執政所面臨的一個重大課題。各級領導幹部要牢固樹立馬克思主義的世界觀、人生觀、價值觀和正確的權力觀、地位觀、利益觀，按照中央和省委廉潔從政的各項規定和紀律要求，增強自律意識，實行自我約束，正確行使權力，自覺做到清正廉潔、勤政為民、克己奉公。各級黨組織要切實加強對權力運行的監督制約，把領導幹部管住管好，特別是對各級領導班子的主要負責人更要嚴格要求、嚴格管理、嚴格監督。現在，有的幹部職務升了，權力大了，對自己的要求卻放鬆了。如果自己不警惕，組織上又不及時教育和監督，就很容易出問題，甚至出大問題。因此，越是領導機關，越是領導幹部，越是主要領導，越要廉潔自律，加強監督，以身作則，當好表率。

靠勞動創造財富，讓知識成為力量

（二〇〇四年十月二十六日）

　　加強黨的執政能力建設，一個重要的方面就是要不斷增強黨的階級基礎，擴大黨的群眾基礎，提高黨的社會影響力。全省各級黨委、政府都要從加強黨的執政能力建設、鞏固黨的執政地位的高度，始終堅持全心全意依靠工人階級的方針，有效動員和組織廣大職工群眾緊密團結在黨的周圍，大力激發各行各業人們的創造活力，使一切有利於社會進步的創造願望得到尊重、創造活動得到支持、創造才能得到發揮、創造成果得到肯定。工會是黨領導的工人階級群眾組織，是黨聯繫職工群眾的橋樑和紐帶。各級黨委、政府要高度重視工會工作，為工會履行職責不斷創造有利條件，通過各級工會進一步團結廣大職工群眾，更好地完成黨和政府提出的各項任務。全省工人階級和廣大勞動群眾要充分認識肩負的光榮使命，把思想認識統一到中央和省委的決策部署上來，立足本職、學趕先進、再接再厲、爭創一流，充分發揮現代化建設主力軍的作用，靠勞動創造財富，讓知識成為力量，努力在正確處理改革、發展和穩定的關係中不斷創造新的業績，在推進社會主義“三個文明”[1]協調發展中不斷創造新的業績，在推進浙江改革開放和現代化建設中不斷創造新的業績。

【註釋】

[1] "社會主義'三個文明'",指社會主義物質文明、政治文明、精神文明。這是江澤民完整提出的。中國共產黨第十六次全國代表大會把社會主義"三個文明"確定為全面建設小康社會的三大基本目標。

思想認識上的收穫更有長遠意義

（二〇〇四年十一月十日）

　　磨刀不誤砍柴工，思想是行動的先導。在思想認識上的收穫，比我們在發展上的收穫更有長遠意義。

　　一段時間以來，我們在樹立和落實科學發展觀問題上，做了大量的統一思想的工作。但統一思想是個不斷深化的過程，必須貫穿於實際工作之中。有的同志對落實科學發展觀和貫徹中央宏觀調控政策，在態度上是積極的，但一遇到具體問題就容易產生偏差，把科學發展觀與宏觀調控割裂開來，甚至對立起來。事實上，宏觀調控是落實科學發展觀的具體實踐，宏觀調控把濫用土地的閘門關住，把過熱的投資降下來，把低水平重複建設的項目清理掉，正是落實科學發展觀的要求。

　　當然，任何一項工作的推進都有一個磨合的過程，也需要付出一定的代價。現在我省各級黨政領導在這方面的認識是統一的。我們要繼續花力氣、下工夫，認真做好廣大基層幹部群眾統一思想的工作，使全省上下不斷提高思想上的堅定性、行動上的自覺性和工作上的創造性。

執政意識和執政素質至關重要

（二〇〇四年十一月十五日）

黨的幹部是黨的執政能力建設的主體，黨的幹部的執政意識和執政素質至關重要，其外在表現出來的能力和作風同樣至關重要。

各級黨的領導幹部要不斷增強黨的意識和為民執政意識，無論在哪個方面、哪個部門、哪個地方工作的黨員幹部，首先要明白自己的第一身份是共產黨員，第一職責是為黨工作，第一目標是為民謀利，始終把黨和人民放在首位，不斷提高自身的能力和本領，切實為人民執好政、掌好權。

各級領導幹部要認真思考在加強黨的執政能力建設中自己該怎麼辦，切實增強執政的憂患意識，切實在領導工作實踐中提高自己的執政本領，切實樹立良好的執政作風，像領導幹部的好榜樣焦裕祿、孔繁森、鄭培民等英模人物那樣，做一個親民愛民的公僕，做一個忠誠正直的黨員，做一個靠得住、有本事、過得硬、不變質的領導幹部。

吃透精神而不照抄照搬

（二○○四年十一月二十二日）

堅決、認真、不折不扣地貫徹落實中央的精神，是我們黨的組織原則和政治紀律的明確要求。在這方面，我們必須顧全大局，決不能陽奉陰違，另搞一套。

同時，由於各地情況千差萬別，貫徹中央的精神必須緊密結合實際，吃透精神而不照抄照搬，"不唯上，不唯書，只唯實"[1]，做到深化細化具體化，這才是真正與中央保持高度一致的具體體現。

我們必須把中央的精神同浙江的實際緊密結合起來，創造性地開展工作。要注重在吃透上情、把握省情、熟悉下情、了解外情基礎上，堅持上下結合、融會貫通、開拓創新，適時提出符合中央精神、切合我省實際的發展思路和決策部署。只有這樣，才能以與時俱進、求真務實的精神，促進我省經濟社會的全面協調可持續發展，把我省改革發展穩定的各項工作做得更好。

【註釋】

[1] 見陳雲《不唯上、不唯書、只唯實，交換、比較、反覆》（《陳雲文選》第 3 卷，人民出版社 1995 年版，第 371 頁）。

立足當前，著眼長遠

（二○○四年十一月二十四日）

科學發展觀豐富了馬克思主義關於發展的理論，深刻揭示並凝聚了統籌兼顧的辯證法，是指導各項事業發展的根本指南。

我們做一切工作，都必須統籌兼顧，處理好當前與長遠的關係。我們強調求實效、謀長遠，求的不僅是一時之效，更有意義的是求得長遠之效。當前有成效、長遠可持續的事要放膽去做，當前不見效、長遠打基礎的事也要努力去做。千萬不要"空前絕後"，出現"前任的政績，後任的包袱"，甚至犯下不可補救的過失，造成不可挽回的損失。

要甘於做鋪墊之事

（二○○四年十一月二十六日）

　　領導幹部要以正確的政績觀為指導，抓好各項工作。"功成不必在我"，要甘於做鋪墊性的工作，甘於抓未成之事。

　　不是自己開頭的不為，一定要刻上自己的政績印記才幹，這不是共產黨領導幹部的風格。在大局面前，在黨和人民的利益面前，我們不能斤斤計較，患得患失。紅旗渠、三北防護林等大工程，都是幾代人一以貫之而成的。如果有個人的私心雜念，政策朝令夕改，是完成不了的。只有像接力賽一樣，一任接著一任幹，才能做成大事。

落實才能出成績

（二〇〇四年十一月二十九日）

正確的戰略需要正確的戰術來落實和執行，落實才能出成績，執行才能見成效。做任何一項工作，我們不能淺嘗輒止、虎頭蛇尾，而要真抓實幹，善作善成。抓而不成，不如不抓。

無論是貫徹上級的決策，還是抓好本級的部署，都要做到既抓部署、又抓落實，在部署中出實招，在落實中求實效。在抓落實的問題上，我們必須根據經濟社會發展中的主要矛盾和矛盾的主要方面，分清輕重緩急，突出工作重點，抓住關鍵環節，明確主攻方向。必須發揚求真務實的作風，注意把階段性工作與長期性目標結合起來，一件一件抓落實，一年一年抓成效，不斷積小勝為大勝。

在土地問題上要長期從緊過日子

（二〇〇四年十二月三日）

　　土地要素制約是我省一個硬制約，不管宏觀調控力度強弱與否，都可以很明確地講，過去那種放開手腳用地的日子已經一去不復返了。對此，不要抱任何幻想，不要以為“躲得了初一，十五就好過了”，要長期從緊過日子。因為事實明擺著，我們浙江就這麼一點地。

　　我們的幹部在工作中允許犯錯誤，但絕不能犯不可挽回的錯誤。在土地問題上犯錯誤，就會犯下不可挽回的錯誤 —— 對這一點，各級幹部認識上要十分明確。

　　國家將推行符合我國國情、嚴格科學有效的土地管理制度。推行這個新制度後，用地問題一者解禁，二者嚴管。在這樣的情況下，我們必須首先盤活土地存量，嚴格控制用地增量，通過控制增量來逼存量，大力促進土地集約利用。

基層幹部的分量

（二〇〇四年十二月六日）

　　基層幹部離群眾最近，群眾看我們黨，首先看基層幹部。這反映出基層幹部在群眾心目中的分量，反映出基層幹部隊伍建設在整個黨的建設中的分量。

　　各級黨委、政府要把基層幹部隊伍建設作為黨的執政能力建設的一大著力點，真正重視、真情關懷、真心愛護廣大基層幹部。對基層幹部工作中出現的困難，要設身處地地加以理解，滿腔熱情地給予支持和幫助，特別要敢於為基層幹部擔責任。對基層幹部中的好人好事，要多發現、多宣傳。同時，對基層幹部中存在的問題，我們要高度重視，既要加強教育引導，又要強化監督管理，決不能姑息損害群眾利益的事，決不能讓一些害群之馬損害基層幹部的良好形象。

處理好三對時間關係

（二〇〇四年十二月八日）

抓好任何一項工作，都要處理好三對關係：一要善作善成，處理好部署與落實的關係；二要再接再厲，處理好堅持與深化的關係；三要統籌兼顧，處理好當前與長遠的關係。

這三對關係，從時間的傳遞來說，第一對關係是要處理好昨天與今天的關係，昨天有部署，今天要抓落實；第二對關係是要處理好昨天、今天、明天三者的關係，昨天的要堅持下去，今天的要有所深化，明天的要取得更大成效；第三對關係是處理好今天與明天的關係，今天的一切都必須顧及明天，明天的發展要建立在今天的基礎上。

這樣一個時間關係看似簡單，但真正處理好並不容易；這個關係處理好了，對於更好地理解、樹立和落實科學發展觀是極有意義的。

做長欠發達地區這塊 "短板"

（二〇〇四年十二月十日）

我省在加快全面建設小康社會、提前基本實現現代化的進程中，一個比較突出的問題就是區域之間的差距還比較大。

必須看到，沒有欠發達地區的小康，就沒有全省的全面小康；沒有欠發達地區的現代化，就沒有全省的現代化。這好比經濟學中的 "木桶理論"，一隻木桶的裝水容量不是取決於這隻木桶中最長的那塊板，而是取決於最短的那塊板。也就是說，我省能否實現全面建設小康社會、提前基本實現現代化的目標，在很大程度上取決於能否縮小區域之間的差距。這既需要發達地區加快發展，更需要欠發達地區跨越式發展。發達地區要發揮自身優勢，盡力幫助欠發達地區加快發展；欠發達地區自身要轉變觀念、創新體制、改善環境、不懈努力。推進 "山海協作工程"[1]，就是要通過發達地區和欠發達地區全方位的合作，有的放矢地加大工作力度，做長欠發達地區這塊 "短板"，使全省各個地區的人民共享經濟社會發展成果。

【註釋】

[1] "山海協作工程"，是一種形象化的提法，"山"主要指以浙西南山區和舟山海島為主的欠發達地區，"海"主要指沿海發達地區和經濟發達的縣（市、區）。這是中共浙江省委、浙江省政府為加快欠發達地區經濟社會發展而制定實施的，旨在通過發達地區與欠發達地區的聯合與合作，在欠發達地區組建一批富有活力的合作企業，促進省內發達地區與欠發達地區產業結構互為優化、升級，推動省內欠發達地區的勞動力向發達地區合理流動，扎實推進城鄉和區域的統籌發展，努力實現發達地區與欠發達地區的互贏共進、共同富裕。2002 年 4 月 9 日《浙江省人民政府辦公廳關於轉發省協作辦實施"山海協作工程"幫助省內欠發達地區加快發展意見的通知》的印發，標誌著"山海協作工程"正式啟動。

發展觀決定發展道路

（二〇〇四年十二月十六日）

　　發展觀決定發展道路。實施"山海協作工程"，首先要站在統籌區域發展的高度，解決欠發達地區發展道路的選擇問題。

　　長期以來，我省發達地區走的是一條傳統工業化道路，經濟發展模式以資源消耗型為主，這種發展模式最大的弊端是對自然資源的過度消耗，造成對生態環境的破壞。隨著資源要素的制約和環境壓力的日益加大，這種粗放型的發展模式已經難以為繼。在這種背景下，我們搞"山海協作工程"，不能簡單地推動欠發達地區去複製發達地區走過的傳統工業化道路，必須按照科學發展觀的要求，把合作重點放在優化產業結構和促進經濟增長方式轉變上，放在推動體制創新、技術創新和管理創新上，放在提高勞動力的素質上，放在資源集約利用和改善生態環境質量上，通過實實在在的項目、技術、管理、資金等方面的合作和支持，推動欠發達地區以最小的資源環境代價謀求經濟、社會最大限度的發展，以最小的社會、經濟成本保護資源和環境，走上一條科技先導型、資源節約型、生態保護型的經濟發展之路。

推動我省經濟佈局不斷優化

（二〇〇四年十二月二十四日）

統籌區域發展的一個重要方面，是推進區域經濟的優化佈局。近幾年來，省委、省政府為優化我省經濟佈局，進一步明確了區域發展戰略，即增強杭甬溫三大中心城市的集聚效應和輻射功能，加快環杭州灣產業帶和溫台沿海產業帶的要素集聚，優化金衢麗地區生產力佈局，加大山區和海洋綜合開發力度，並突出強調浙西南地區要重點發展生態農業、生態工業和生態旅遊等特色產業，舟山等海島地區要重點發展海洋產業。

推進"山海協作工程"，必須著眼於全省經濟佈局，服從於這一區域發展戰略，堅持有所為有所不為。要根據欠發達地區現有的基礎條件和發展要求，綜合運用"加減乘除法"——加法，即加快經濟發展，擴大經濟總量；減法，即減少資源消耗、生態破壞和污染排放；乘法，即推動技術進步和提高勞動力素質；除法，即促進人口向城市集聚和對外轉移。統籌安排合作項目，重點向生態產業和現代服務業傾斜，向城市和基礎設施建設領域傾斜，向科技、教育、文化、衛生等社會事業傾斜，向勞務有序對外流動項目傾斜，限制資源高消耗、污染物高排放的工業企業向欠發達地區擴散，推動我省經濟佈局的不斷優化。

物質文明與精神文明要協調發展

（二○○四年十二月二十七日）

　　樹立和落實科學發展觀，必須推動物質文明與精神文明協調發展。物質文明的發展會對精神文明的發展提出更高的要求，同時精神文明的發展又會成為物質文明建設的動力，尤其是經濟的多元化會帶來文化生活的多樣化，只有把精神文明建設好，才能滿足人民群眾多樣化的精神文化生活需求。更進一步來說，要認清物質文明建設和精神文明建設的最終目的是什麼，GDP、財政收入、居民收入等等是一些重要指標，但都不是最終目的，其最終目的就是要促進人的全面發展，包括改善人們的物質生活、豐富人們的精神生活、提高人們的生活質量、提高人們的思想道德素質和科學文化素質等等。

虛功一定要實做

（二〇〇四年十二月三十日）

　　虛與實是相比較而言的。比較之下，在兩個文明建設中，物質文明建設實一點，精神文明建設虛一點；在提高人們素質的工作上，科學文化素質方面要實一點，思想道德素質方面要虛一點。實的比較好把握，虛的相對難以把握。有些同志在工作中往往喜歡抓實的，不喜歡抓虛的。虛與實的工作，好比人體的大腦和心臟，你說哪個重要，哪個不重要；哪個需要，哪個不需要？大腦和心臟都重要、都需要，缺一不可。所以，幹工作必須虛實結合，尤其是虛功一定要實做。精神文明建設特別是思想道德建設一定要通過看得見、摸得著的方式，創造實實在在的載體，寓教於樂，入耳入腦，深入人心，潛移默化。道理要說清楚講明白，但任何道理要深入人心，都不能光靠說教，要有一個好的載體，通過積極探索和創造更多更加貼近實際、貼近群眾、貼近生活的有效載體，使精神文明建設活動開展得有聲有色、富有實效。

二〇〇五年

抓與不抓大不相同

（二〇〇五年一月四日）

　　針對當前社會轉型過程中一些問題和矛盾比較突出的現狀，我省廣泛開展以"加強思想道德建設、加強文化陣地建設，整治文化市場、整治社會風氣"為主題的"雙建設、雙整治"活動，取得了階段性的明顯成效。實踐證明這項活動深受基層歡迎，是推進城鄉精神文明建設的有效工作載體。這也從一個側面告訴我們，任何工作抓與不抓大不一樣。事物的發展都如逆水行舟，不去推它，它就會倒退；任何一項工作，都是機遇與挑戰並存，不抓機遇，抓不住機遇，剩下的就只有挑戰了；任何一個陣地，我們不去佔領，敵對勢力、錯誤思潮和一些負面的東西就會乘虛而入。我們抓思想文化陣地建設就是一個雄辯的佐證，光是打擊，總有漏網的；只有讓正面的東西去佔領了，才能讓負面的東西失去生存的土壤。

壓力與動力是可以相互轉化的

（二〇〇五年一月五日）

對一些地方來說，開展“雙建設、雙整治”活動，也是一個壓力轉化為動力的過程。在壓力之下，可以把“壞事”轉化為“好事”；沒有這個壓力，說不定“好事”就沒有這麼好。

正如大家所說的：“千困難萬困難，真抓實幹就不難。”推而廣之，現在對照科學發展觀的要求，在宏觀調控之下，我們在一些方面面臨的壓力也很大。在這種情況下，如果滋生“驕”“嬌”兩氣，受不得一點壓力，一些老的辦法不能用，新的辦法不去想，那麼發展也就難以為繼，那面對的就是“山重水複疑無路”[1]；如果把壓力轉化為動力，促進發展理念的轉變、增長方式的轉變、政府職能的轉變，那麼發展就能走出一條新路，就能迎來“柳暗花明又一村”[2]。還有，現在基層幹部的壓力比較大，這也要辯證地看，如果在壓力面前怨天尤人，自暴自棄，最終將一事無成；如果在壓力下奮發有為，做出成績，那就能得到組織的認可、群眾的擁護。

【註釋】

[1] 見陸游《遊山西村》。原句是：“山重水複疑無路，柳暗花明又一村。”陸游（1125—1210），越州山陰（今浙江紹興）人。南宋詩人。

[2] 同上。

努力打造"品牌大省"

（二〇〇五年一月七日）

　　品牌是一個企業技術能力、管理水平和文化層次乃至整體素質的綜合體現。從一定意義上說，品牌就是效益，就是競爭力，就是附加值。關於品牌戰略的重要性，鄧小平同志早在一九九二年就講過："我們應該有自己的拳頭產品，創造出自己的世界品牌，否則就要受人欺負。"[1] 世界上許多知名企業也往往把品牌發展作為企業開拓市場的優先戰略。這些年來，我們在創品牌方面已經取得了很大的成績，目前全省有四十五個中國馳名商標，列全國第一；八十三個中國名牌產品，列全國第二。我們要堅定不移地走品牌發展之路，引導企業確立品牌意識，培育品牌、提升品牌、經營品牌、延伸品牌，做到無牌貼牌變有牌，有牌變名牌，培育更多的中國馳名商標和名牌產品，努力創造若干世界名牌，努力打造"品牌大省"。

【註釋】

[1] 見劉金田、張愛茹《鄧小平視察紀實（1957—1994）》（江蘇教育出版社 2002 年版，第 642 頁）。

務必執政為民重"三農"

（二〇〇五年一月十日）

　　立黨為公、執政為民是黨的根本宗旨，農民佔人口的絕大多數是中國的基本國情，工農聯盟是黨執政的政治基礎，農業是安天下、穩民心的戰略產業，"三農"問題始終與我們黨和國家的事業休戚相關。

　　目前，我國人均生產總值已超過一千美元，我省已接近三千美元，工業化、城市化呈進一步加速的趨勢，這既是一個有利於"三農"問題根本解決的戰略機遇期，也是一個容易忽視"三農"利益、導致各種矛盾凸顯的社會敏感期。在這一特殊時期，是否高度重視"三農"問題，能否有效解決"三農"問題，顯得尤為重要。黨中央審時度勢，明確提出"兩個趨向"[1]的重要論斷，告誡我們在新的發展階段必須把解決好"三農"問題放到全黨工作重中之重的位置，把提高解決"三農"問題的能力作為加強黨的執政能力建設的一項重要內容。我們強調務必執政為民重"三農"，就是要牢固確立"三農"問題是中國根本問題的思想，始終把解決好"三農"問題作為全黨工作的重中之重，在任何時候都不動搖；就是要從執政興國的戰略高度，充分發揮農民群眾在"三農"發展中的主體作用和黨委、政府的主導作用，不斷增強解決"三農"問題的本領；就是要堅持黨政主要領導親自抓"三農"工作，自覺地把"重中之重"的要求落實到領導決策、戰略規劃、財政投入、工作部署和政績考核上來，形成全社會支持農業、關愛農民、服務農村的強大合力和良好氛圍。

【註釋】

[1] "兩個趨向"，是 2004 年胡錦濤在中國共產黨第十六屆四中全會上提出的重要論斷。內容是："綜觀一些工業化國家發展歷程，在工業化初始階段，農業支持工業、為工業提供積累是帶有普遍性的趨向；但在工業化達到相當程度以後，工業反哺農業、城市支持農村，實現工業與農業、城市與農村協調發展，也是帶有普遍性的趨向。"

務必以人為本謀 "三農"

（二〇〇五年一月十一日）

科學發展觀的核心是確立以人為本的理念和統籌兼顧的思想，按照 "五個統籌" 的要求，正確處理加快發展與改善民生的關係，確保經濟社會的全面協調可持續發展。只有用科學發展觀統一我們的思想和行動，把科學發展觀貫徹落實到經濟社會發展全局和 "三農" 工作的具體實踐中去，才能確保 "三農" 問題的根本解決。

要全面理解以人為本謀 "三農" 的深刻含義，在宏觀調控中著力增強農業基礎地位，千方百計提高農業綜合生產能力，促進農業增效、農民增收、農村發展，使農業成為能使農民致富的產業，使農民不但成為農業和農村現代化的主力軍，而且成為工業化、城市化的積極參與者和成果享受者，使農村成為能使農民安居樂業的新社區。我們強調務必以人為本謀 "三農"，就是要以科學發展觀統領 "三農" 工作，把我們黨一切為了群眾、一切依靠群眾的工作路線貫穿於 "三農" 工作的各個方面；就是要明確 "三農" 問題的核心是農民問題，農民問題的核心是增進利益和保障權益問題；就是要把切實提高農民素質、實現人的全面發展，作為 "三農" 工作的根本出發點和落腳點，實現好、維護好、發展好農民的物質利益和民主權利，不斷增強農民群眾的自我發展能力。

務必統籌城鄉興 "三農"

（二〇〇五年一月十二日）

農業與二、三產業、城市與農村存在著非常緊密的依存關係。工農關係、城鄉關係始終是現代化建設進程中必須處理好而又容易出偏差的一個具有全局意義的問題。正確處理城鄉關係、工農關係，實現一、二、三產業協調發展和城鄉共同進步，是構建現代和諧社會的重要基礎，是現代化進程中最重要、最棘手的一大難題，也是關係 "三農" 發展能否取得成效的重大問題。

工業化、城市化、市場化，是推動 "三農" 發展和現代化建設的強大動力，農業勞動生產率和綜合生產能力的不斷提高，是工業化、城市化水平不斷提升的必要條件。只有農村人口和農村勞動力不斷有序轉入城市與二、三產業，工業和城市的發展才會有持續的動力，才會充滿生機活力。把握好 "兩個趨向" 重要論斷，務必正確處理 "三化" 與 "三農" 的關係，制定落實發展 "三化" 促 "三農" 的政策舉措。我們強調務必統籌城鄉興 "三農"，就是要站在經濟社會發展全局的高度，確立以統籌城鄉發展的方略解決 "三農" 問題的新思路，實行工業反哺農業、城市支持農村的方針；就是要把農業的發展放到整個國民經濟發展中統籌考慮，把農村的繁榮進步放到整個社會進步中統籌規劃，把農民的增收放到國民收入分配的總格局中統籌安排；就是要把農村和城市作為一個有機統一的整體統籌協調，充分發揮城市對農村的帶動作用和農村對城市的促進作用，形成以城帶鄉、以工促農、城鄉互動、協調發展的體制和機制。

務必改革開放促 "三農"

（二〇〇五年一月十三日）

　　改革開放是強國之路，是社會主義現代化建設的根本動力，也是推動農村經濟社會發展的不竭動力。從家庭聯產承包責任制開始的農村改革，極大地解放和發展了農村生產力，激發了廣大農民群眾的積極性，也推動了整個經濟體制改革。隨著市場經濟的深入發展，宏觀體制改革仍然滯後於微觀體制改革，城鄉改革不配套等問題日漸突出，城鄉分割的二元結構和制度安排，嚴重制約著城鄉一體化的推進，越來越成為影響 "三農" 發展的障礙，改革又到了一個新的攻堅階段。當前，我省已進入工業化和城市化加速的新階段，這也是以工促農、以城帶鄉的新階段。在這一新階段，通過深化改革，著力破除城鄉體制障礙，妥善解決各類社會矛盾的任務十分緊迫。要真正破除城鄉壁壘，解決城鄉矛盾，給農民以公平的國民待遇、完整的財產權利和平等的發展機會，為縮小城鄉差距開闢道路，還有大量艱巨的工作要做。必須積極探索，切實提高改革開放促 "三農" 的自覺性，充分尊重群眾的首創精神，以農業是否發達、農民是否滿意、城鄉差距是否縮小為檢驗標準，努力以改革開放促進 "三農" 工作，把城鄉一體化建設提高到一個新水平。我們強調務必改革開放促 "三農"，就是要以與時俱進的精神狀態和強烈的政治責任感深入推進改革開放，不斷為“三農”發展添活力、強動力、增後勁；就是要致力於推進城鄉配套的各項改革，革除一切影響“三農”發展的體制弊端，建立有利於消除城鄉二元結構的機制和體制；就是要以開放促發展，大力實施“走出去”“引進來”的戰略，不斷拓展“三農”發展新空間。

務必求真務實抓 "三農"

（二〇〇五年一月十四日）

　　求真務實，是馬克思主義者必須一以貫之的科學精神和工作作風。弘揚求真務實精神，大興求真務實之風，總的就是要我們去求社會主義現代化建設客觀規律之真，務謀最廣大人民根本利益之實。搞好新時期新階段的 "三農" 工作，更需要我們保持和發揚求真務實的精神。

　　要求真，是因為 "三農" 問題具有很強的綜合性、複雜性、動態性，受到多種因素的影響，既有計劃經濟時代遺留的問題，也有市場化、工業化、城市化進程中新出現的問題；既有 "三農" 自身存在的問題，也有城鄉二元結構制約的問題。所以，必須從歷史的、全局的和理論與實踐相結合的高度，把握 "三農" 工作的規律性，使其更好地體現時代性，富於創造性。要務實，是因為 "三農" 問題直接面對廣大農民群眾，涉及億萬農民的根本利益，我們所有的政策舉措只有落到實處，廣大農民群眾才能真正得到實惠。

　　我們強調務必求真務實抓 "三農"，就是要堅持解放思想、實事求是、與時俱進的思想路線，把握新時期新階段 "三農" 工作的客觀規律，積極探索解決 "三農" 問題的新途徑；就是要堅持講實話、出實招、辦實事，把推進 "三農" 工作的各項政策舉措真正落到實處;就是要牢固樹立正確的政績觀,切實轉變工作作風,真心實意地為農民群眾謀利益,善於帶領農民群眾共創美好生活。

"潛績" 與 "顯績"

（二〇〇五年一月十七日）

　　農業是弱質產業，農村工作是基礎性的工作，"三農" 工作的內在特點和規律，決定了這方面工作更多的是做鋪墊的長期性工作，不可能立竿見影、馬上見效。這就有一個如何認識 "潛績" 與 "顯績"，創造政績的問題。"潛" 與 "顯" 是對立統一的一對矛盾。"潛" 是 "顯" 的基礎，"顯" 是 "潛" 的結果，後人的工作總是建立在前人基礎之上的，如果大家都不去做鋪路石，甘於默默無聞地奉獻，"顯績" 就無從談起，就成了無本之木、無源之水，即使有 "顯績"，充其量也只是急功近利的 "形象工程"。河南林縣的紅旗渠，是幾代幹部群眾艱苦奮鬥的結果；福建東山縣的縣委書記谷文昌之所以一直受到廣大幹部群眾的敬仰，是因為他在任時不追求轟轟烈烈的 "顯績"，而是默默無聞地奉獻，帶領當地幹部群眾通過十幾年的努力，在沿海建成了一道惠及子孫後代的防護林，在老百姓心中樹起了一座不朽的豐碑。這種 "潛績"，是最大的 "顯績"。我們常講的金杯銀杯不如老百姓的口碑，金獎銀獎不如老百姓的誇獎，說的就是這個道理。所以，"三農" 工作要有作為，一定要樹立正確的政績觀，多做埋頭苦幹的實事，不求急功近利的 "顯績"，創造澤被後人的 "潛績"。

大力發展高效生態農業

（二〇〇五年一月十七日）

加快建設現代農業，轉變農業增長方式，全面提高農業綜合生產能力，是當前十分重要而緊迫的任務。

從我省農業資源緊缺和發揮比較優勢的實際出發，提高農業綜合生產能力、建設現代農業的主攻方向是：以綠色消費需求為導向，以農業工業化和經濟生態化理念為指導，以提高農業市場競爭力和可持續發展能力為核心，深入推進農業結構的戰略性調整，大力發展高效生態農業。高效生態農業是對效益農業的進一步提升，是增加農民收入的重要途徑，也是充分發揮我省比較優勢，加快農業現代化建設的必然要求。高效生態農業是集約化經營與生態化生產有機耦合的現代農業。它以綠色消費需求為導向，以提高農業市場競爭力和可持續發展能力為核心，兼有高投入、高產出、高效益與可持續發展的雙重特徵，它既區別於高投入、高產出、高勞動生產率的石油農業，也區別於偏重維護自然生態平衡和放棄高投入、高產出目標的自然生態農業，符合浙江資源稟賦實際，也符合現代農業的發展趨勢。所謂高效，就是要體現發展農業能夠使農民致富的要求；所謂生態，就是要體現農業既能提供綠色安全農產品又可持續發展的要求。

工作傾斜基層

（二〇〇五年一月二十七日）

　　基層處於承上啟下的節點、各種矛盾的焦點和工作落實的重點。基層工作在客觀上就有比較大的難度，最需要上級的支持和幫助。為此，一要把基層幹部隊伍選拔好、培養好、建設好，讓基層幹部更好地做工作。這方面，各級黨委、政府要研究一些具體的措施，有一些現在就能做，有一些要作出規劃逐步去做。首先，要在基層幹部的培訓、培養上加大力度，各級幹部的培訓、培養要向基層傾斜，在提拔幹部時要重視幹部的基層經歷和經驗。其次，要加大機關與基層幹部交流的力度，促進機關和基層的相互體會苦衷，相互理解支持。另外，要在體制上做一些改革，從各地實際出發，因地制宜地做大做強鄉鎮，這不僅可以解決基層體制問題，也有利於城鎮化。把“肌體”做大了，內部的機制運作才能活起來。二要促進上級的工作向基層傾斜，讓上級拿出一部分力量分擔基層的工作。當然，這不是說要讓上級直接去做基層該做的工作，越俎代庖、包辦代替，該基層做的工作，基層還是要挑起擔子。上級該做的是進一步加強指導幫助，賦予相應權力，既給基層下達“過河”的任務，又切實指導幫助其解決“橋”和“船”的問題，並儘可能地在人力、物力、財力上向基層作適當傾斜，為基層開展工作創造必要的條件。

執政重在基層

（二〇〇五年一月三十一日）

我們共產黨可以說是全世界最重視基層的黨。當年，毛澤東同志領導秋收起義[1]，在三灣進行部隊改編時，首創"支部建在連上"。從那時起，我們黨不僅確立了黨指揮槍的重要原則，也確立了基層組織建設的組織制度。

基層就是基礎。基層組織是黨的全部工作和戰鬥力的基礎。正是依靠廣泛的基層組織，使黨有了堅實的基礎，形成一個團結統一的整體；也正是依靠黨的基層組織，使黨能夠深深地扎根於人民群眾之中，順利地實現黨的領導。黨的基層組織是黨聯繫群眾的橋樑和紐帶，是包括村委會在內的各類社會基層組織的政治核心。基層幹部是黨和國家幹部隊伍的基礎。廣大基層幹部是做好基層工作的骨幹力量。黨和國家的各項方針政策和工作部署，省委提出的"八八戰略"和"平安浙江"，最終要靠廣大基層幹部團結帶領群眾去貫徹和實施，人民群眾的經濟、政治、文化利益也要靠廣大基層幹部組織引導群眾去實現。基層幹部離群眾最近，群眾看我們黨，首先就看基層幹部。基層是加強黨的執政能力建設的基礎。基礎不牢，地動山搖。提高黨的執政能力，關鍵在於提高包括基層幹部在內的各級幹部的能力，廣大基層幹部的工作能力如何，對加強黨的執政能力建設具有基礎性作用。

【註釋】

[1] "秋收起義",指 1927 年秋天毛澤東在湖南、江西兩省邊界地區領導的武裝起
義。起義受挫後,部隊轉戰至井岡山,開始創建中國共產黨領導的第一個農村
革命根據地。

更多地關愛基層

（二〇〇五年二月二日）

　　當前，由於我們的經濟還處於發展之中，體制還處於改革之中，社會還處於轉型之中，因而在基層基礎建設和基層幹部隊伍建設上還存在許多矛盾、困難和問題。對這些矛盾、困難和問題，大家都要清醒地看到。一方面，基層幹部要面對現實，不能滋長＂驕＂＂嬌＂兩氣。要承受得住壓力，看到壓力可以轉化為動力，如果在壓力面前怨天尤人，自暴自棄，最終將一事無成；如果在壓力之下奮發有為，做出成績，那就能得到組織的認可、群眾的擁護。另一方面，各級黨委、政府都要關心支持和指導幫助基層幹部。對基層幹部工作中、生活上出現的困難，要設身處地地加以理解，滿腔熱情地給予支持，扎實有效地進行幫助，特別要敢於為基層幹部擔責任，關注基層幹部的身心健康。關心基層幹部，最關鍵的不是給基層多少錢、多少人，最關鍵的是支持基層幹部化解矛盾、解決問題，幫助基層幹部分擔責任、共渡難關。做好基層工作，上級的支持幫助是一個方面；另一個方面，基層幹部要不斷增強提高自身綜合素質的緊迫感，不斷增強自己的使命感和責任感，按照胡錦濤總書記提出的＂加強學習、增強本領、轉變作風、廉潔自律＂的要求，進一步轉變職能、轉變作風、轉變方法，努力做群眾信賴的貼心人、帶頭人。

用思想武器管好自己

（二〇〇五年二月四日）

　　批評與自我批評是黨內思想鬥爭的銳利武器，也是領導幹部管好自己的有效方法。現在，黨內批評總是要在一定的場合內進行，而"吾日三省吾身"[1]，自我批評則與我們個人如影隨形，是最及時、最管用的思想武器。我們常講，領導幹部要自重、自省、自警、自勵，這"四自"要求，就是對自我批評的要求。尤其是省級領導幹部受黨教育多年，在黨性修養上更應有"響鼓不用重錘敲"的自覺性。要經常警示自己，不斷反省自己，嚴格要求自己，自覺地把自己置於黨組織和群眾的監督之下，及時檢查自己有什麼不足和缺點，時刻不忘省級領導幹部是黨和政府形象的"化身"，是群眾認識和評價我們黨的"窗口"，也是其他黨員和幹部心目中的"標杆"，必須管好自己，同時管好親屬和身邊的工作人員。

【註釋】

[1] 見《論語·學而》。

要用人格魅力管好自己

（二〇〇五年二月七日）

　　人格魅力是領導幹部人品、氣質、能力的綜合反映，也是黨的幹部所應具備的公正無私、以身作則、言行一致優良品質的外在表現。廣大幹部群眾的眼睛是雪亮的，他們不但要看我們是怎麼說的，更要看我們是怎麼做的。"其身正，不令而行；其身不正，雖令不從"[1]，講的就是這個道理。有的領導幹部之所以在廣大幹部群眾中威信高、影響力大，其中一個重要方面就是自身模範作用好、人格魅力強。否則，"台上他說，台下說他"，說話辦事怎麼會有影響力和號召力？尤其是我們省級領導幹部，眾目睽睽，大家關注，更應注重身體力行，以自身的人格魅力，給人們以思想上的正確引導和行為上的良好示範，在領導工作中靠前指揮，在錢物使用上嚴守規定，在用權用人上堅持原則，在處理問題上公道公正，在解難幫困上盡心盡力，在工作作風上求真務實，在生活待遇上不搞特殊化，在團結共事上胸懷坦蕩，努力展示自身過硬、組織信賴、下級欽佩、群眾擁護的良好形象。

【註釋】
[1] 見《論語・子路》。

領導幹部必須做到"守土有責"

（二〇〇五年二月十六日）

何其為領導幹部？說得直白一點，組織上讓我們當領導幹部，就是派我們在這裏站崗放哨，這叫守土有責。古時候，劉邦[1]的《大風歌》說："大風起兮雲飛揚，威加海內兮歸故鄉，安得猛士兮守四方！"意思就是說要有一批人來守土，負責站崗放哨。當年，明成祖[2]遷都到北京，雖然有其他因素，但對外冠冕堂皇的說法，就是"天子守國門"。"天子守國門"，意思就是皇帝不能坐在中間享福，要守國門，這是天經地義的事情。清代守錢塘大堤的塘官，當時是四品官，與知府享受一樣的待遇，待遇很高；但是有一條，就是不能決堤，如果決了堤，不等皇帝來找他算賬，他就跳塘自盡了。當年的封建官吏尚且如此，現在我們作為共產黨的領導幹部，更應有強烈的責任感，明白責任，敢於負責，保一方平安，強一方經濟，富一方百姓，真正做到守土有責。

【註釋】

[1] 劉邦（前 256 或前 247—前 195），即漢高祖。沛縣（今屬江蘇）人。前 202 年建立漢朝，定都長安（今陝西西安市西北）。

[2] 明成祖（1360—1424），即朱棣。明代皇帝，1402—1424 年在位，年號永樂。

發展不能走老路

（二〇〇五年二月十八日）

　　科學發展觀是指導發展的根本指南。科學發展觀不是不要發展，我們黨改革開放以來提出的"發展是硬道理"[1]、"發展是黨執政興國的第一要務"[2]等重要論斷，都是科學發展觀的本義所在。科學發展觀首先還是要發展，其關鍵在於發展不能再走老路。發展不能脫離"人"這個根本，必須是以人為本的全面發展，這是發展的終極目標。發展要城鄉協調、地區協調。發展不能斷送了子孫的後路。粗放型增長的路子，"好日子先過"，資源環境將難以支撐。因此，發展必須是可持續的。這些道理一經揭示出來，看似淺顯易明；但不揭示出來，可能在實踐中就忽略了；一旦忽略，就出現許多問題，有些問題積重難返，就非下"虎狼之藥"不可，這就需要宏觀調控了。宏觀調控是市場經濟條件下的一個常態，去年以來"有保有壓"的政策是宏觀調控，前些年以積極的財政政策來刺激投資和消費也是宏觀調控，今後的發展同樣離不開宏觀調控。

【註釋】

[1] 參見鄧小平《在武昌、深圳、珠海、上海等地的談話要點》（《鄧小平文選》第3卷，人民出版社1993年版，第377頁）。原文是"發展才是硬道理"。

[2] 參見江澤民《全面建設小康社會，開創中國特色社會主義事業新局面》（《江澤民文選》第 3 卷，人民出版社 2006 年版，第 538 頁）。原文是："必須把發展作為黨執政興國的第一要務。"

積小勝為大勝

（二〇〇五年二月二十一日）

科學發展觀是指導發展實踐的重大理論創新。“八八戰略”和“平安浙江”在實質上就是要追求全面協調可持續的發展。這是我省立足於過去的基礎、立足於發揮既有優勢和發掘潛在優勢而作出的重大戰略決策。我們浙江貫徹落實科學發展觀，就是要把實施“八八戰略”和建設“平安浙江”抓緊抓深抓實，每年抓幾個重點，完成幾項任務，步步為營，年年有成，積小勝為大勝。經過一年多來的實踐，推進“八八戰略”和建設“平安浙江”已初見成效。二〇〇四年我省抗缺電、抗乾旱、抗颱風，奮力躍過了“萬億元”標杆[1]，實現了具有標誌性意義的突破，跨過了邁向現代化的一個重要門檻。

【註釋】

[1] “‘萬億元’標杆”，是省域經濟發展水平、發展能力的一個重要綜合性指標。國際經驗表明，GDP 總量突破萬億元，是一個地區經濟增長的積累已經達到質變的臨界點，預示著經濟發展正迎來一個質的飛躍。

建設資源節約型社會是一場社會革命

（二〇〇五年二月二十三日）

　　建設資源節約型社會是一場關係到人與自然和諧相處的社會革命。人類追求發展的需求和地球資源的有限供給是一對永恆的矛盾。古人"天育物有時，地生財有限，而人之欲無極"[1] 的說法，從某種意義上反映了這一對矛盾。人類社會在生產力落後、物質生活貧困的時期，由於對生態系統沒有大的破壞，人類社會延續了幾千年。而從工業文明開始到現在僅三百多年，人類社會巨大的生產力創造了少數發達國家的西方式現代化，但已威脅到人類的生存和地球生物的延續。西方工業文明是建立在少數人富裕、多數人貧窮的基礎上的；當大多數人都要像少數富裕人那樣生活，人類文明就將崩潰。當今世界都在追求的西方式現代化是不能實現的，它是人類的一個陷阱。所以，必須在科學發展觀指導下，探索一條可持續發展的現代化道路。這對於既是資源小省、又是經濟大省的浙江來說，建設資源節約型社會顯得更為迫切，這也是我們建設生態省的本義所在。

【註釋】

[1] 見唐代白居易《策林二・二十六・養動植之物》。白居易（772—846），下邽（今陝西渭南北）人。唐代詩人。

平安和諧是落實科學發展觀題中之義

（二〇〇五年二月二十五日）

　　人人平安，社會和諧，是科學發展觀的題中應有之義，是全面建設小康社會的重要目標。從文化淵源看，崇尚和諧，企盼穩定，追求政通人和、安居樂業的平安社會、和諧社會，這是中華文化的重要組成部分。中國古人就說："和為貴"[1]，"和而不同"[2]，"有容乃大"[3]。從這些年來的實踐看，穩定壓倒一切，沒有穩定的環境，什麼事都幹不成，改革與發展都會成為一句空話，已經取得的成果也會失掉。國際經驗也表明，在人均GDP處於一千美元到三千美元這一階段，既是加快發展的黃金時期，也是各類矛盾的凸顯時期。當前我們發展中確實存在一些不和諧的問題。所以，省委在深入調查研究基礎上，作出了建設"平安浙江"、促進社會和諧穩定的重大決策部署。我們提出的"平安"，不是僅指社會治安或安全生產的狹義的"平安"，而是涵蓋了經濟、政治、文化和社會各方面寬領域、大範圍、多層面的廣義"平安"。這完全符合科學發展觀的執政理念，完全符合構建和諧社會的本質要求，也完全符合廣大人民群眾的迫切需要。

【註釋】

[1] 見《論語·學而》。

［2］ 見《論語·子路》。

［3］ 參見《尚書·君陳》。原文是："有容，德乃大。"

將服務業培育壯大為 "主動力產業"

（二〇〇五年三月十日）

　　加快發展服務業，是順應經濟發展規律、推進增長轉型的客觀要求。必須遵循經濟規律，將服務業逐步培育壯大成為推動經濟發展的 "主動力產業"。

　　近年來，我省的服務業發展呈現出良好的態勢，但我省服務業的發展仍相對滯後，服務業增加值比重仍然偏低，服務業內部結構不夠合理。推動服務業發展，必須用現代信息技術和現代流通經營方式改造服務業，推動服務業現代化。要把服務業發展與先進製造業基地建設結合起來，推動物流、金融、中介、軟件和信息等與生產密切相關的現代服務業發展，更好地為先進製造業基地建設服務。發達的服務業是製造業提升的助推器，一流的製造業需要一流的服務業支撐。發達的運輸、物流、商貿業，有利於生產要素和產品大進大出，實現工貿聯動；完善的資本市場與金融服務，有利於製造業產業資本與商業資本、金融資本之間有機互動；教育、科研和培訓服務業的發展，有利於製造業獲得高素質勞動者，加強技術創新。要把服務業發展與專業市場提升結合起來，推動專業市場經營業態創新，積極發展電子商務和網上虛擬市場，借鑒現代流通經營方式改造商品市場和專業街區，完善市場服務功能。要把服務業發展與城鄉統籌結合起來，推動城市服務業向農村輻射，推進農村服務業網絡化。要把服務業發展與擴大消費結合起來，大力發展商貿、旅遊、文化、體育、保健、商住等服務業，提高人民的生活質量和水平。

突出選商引資

（二〇〇五年三月十六日）

改進招商引資的方式，在繼續重視"以民引外"、"以外引外"和"東引台資"的同時，著重引進世界五百強等大企業和高技術產業項目來我省投資落戶，積極穩妥推進銀行、保險、旅遊、教育、衛生等服務領域的對外開放。也就是說，要突出選商引資，大力提高利用外資的質量和水平。在引進來的同時，積極實施走出去戰略，以境外資源開發和跨國併購為重點，開展多種形式的境外投資，在國外建立研發中心、營銷網絡、生產加工和資源基地，提高我省企業的國際化經營水平。我省是資源小省，利用兩個市場、兩種資源[1]，在境外建立能源原材料基地，是長遠的戰略選擇，符合國家戰略安全的需要。我省從國外進口礦產資源已經有了良好開端，要進一步謀劃，捷足先登。

【註釋】

[1] "兩個市場、兩種資源"，即國內和國外市場，國內和國外資源。這是 1984 年 10 月 20 日中國共產黨第十二屆三中全會通過的《中共中央關於經濟體制改革的決定》中提出的。

宜輕則輕，宜重則重

（二〇〇五年三月十八日）

　　浙江的產業結構總體上是以“輕”為主，這是我省的優勢，不能丟，而且按照我省的經濟結構和環境承載力來看，要想太“重”也不可能。我省沿海港口資源優勢十分明顯，有條件發展精深加工型、臨港型重化工業。在製造業發展中，要揚長避短，宜輕則輕，宜重則重，積極在優化產業結構、延長產業鏈、做大做強做優產業方面下工夫。認真落實環杭州灣、溫台沿海和金衢麗地區三大產業帶規劃，確定和實施一批重大項目，培育和發展一批重點企業、重點產品，力爭在一些重要領域和關鍵環節取得新的突破。我省工業以傳統加工製造業為主，改造和提升傳統產業的任務十分繁重。我們要抓住科技創新和實施品牌戰略兩個重點，全面提升產業層次，提高企業素質，增加產品的附加值，增強區域特色經濟的競爭優勢。製造業是科技創新的主要領域，也是科技轉化為生產力的載體。只有不斷加強科技創新，並且把最新技術積極運用到製造業中去，與產品的更新換代緊密地結合起來，才能進一步發揮科技創新的核心作用，提高產業的國際競爭力。

跳出浙江發展浙江

（二〇〇五年三月二十一日）

　　"跳出浙江發展浙江"，是浙江經濟發展的必然要求，也是浙江在高起點上實現更大發展的戰略選擇。從國際經驗看，跨區域投資在人均 GDP 二千五百美元左右時進入加速階段，我省近年來企業和個人走出去投資創業總體上是符合規律的。從我省發展情況看，要緩解要素制約，推動產業升級，必須鼓勵和支持部分勞動密集型、資源消耗型等產業和企業有序地走出去，騰出發展空間。從企業自身看，也需要在跨區域的要素整合中獲取新優勢，實現新擴張。近年來，我省已經有一大批企業到全國各地進行投資、開發和資本運作。截至二〇〇三年底，浙江在其他省區市的務工經商人員達四百萬左右，企業約九萬家，投資累計約五千三百二十億元，其中從浙江輸出資金約八百億元，二〇〇三年營業收入超過一萬億元。從投資領域看，主要集中在第三產業，佔投資總額的百分之七十五以上。從資金來源看，百分之五十至百分之七十是浙江人多年在外經營的積累，從浙江輸出的大約佔百分之十五至百分之二十五，當地融資約佔百分之十至百分之十五，當地人投入約佔百分之五至百分之十。從經濟關聯度看，在外企業與浙江經濟具有很強的相關性，經營的產品百分之七十以上產自浙江，約佔省內相關產業產出的百分之三十。我們要以戰略的思維、開闊的視野、務實的態度,鼓勵浙江人走出去投資創業,同時積極創造良好的發展環境,吸引國內外企業來浙投資,吸引在外企業回來投資。

重視進口的作用

（二〇〇五年三月二十三日）

　　長期以來，受凱恩斯經濟學理論的影響，我們一直將投資、消費和出口看成是拉動經濟增長的"三駕馬車"，而將進口看成是國民經濟的"漏出"。但實踐證明，進口對增加要素供給、推動技術進步、改善人民生活具有不可替代的作用。多年來，我省"出多進少"，貿易順差大，這一方面是我省對全國的貢獻，另一方面也反映了我省沒有充分利用國外資源和要素。要充分發揮進口在補充資源供給不足、推動技術進步和產業升級等方面的作用，利用我省外匯儲備充裕的條件，抓住明年我國降低進口關稅的有利時機，大力組織急需的能源、原材料和關鍵設備進口。有關部門要加強對重點商品進口的組織協調，探索聯合採購等辦法，降低進口成本。

增強走在前列的意識

（二〇〇五年三月二十三日）

　　增強前列意識是推進黨的先進性建設的要求。黨的先進性集中體現於走在時代前列，走在群眾前列。貫徹胡錦濤總書記提出的走在前列的要求，首先要有爭先精神，始終保持昂揚向上、開拓進取的精神狀態，努力在更高起點上實現更快更好的發展。其次要創一流業績，不僅要使浙江經濟社會發展的主要指標保持全國領先位置，而且要在實踐中善於創造性地開展工作，積極為全國提供有益的探索和經驗。同時還要有世界眼光，瞄準國際先進水平，用國際先進標準來衡量和要求自己，發展和壯大自己。

先進性教育重在"強身健體"

（二〇〇五年三月二十五日）

在這次保持共產黨員先進性教育[1]活動中，要切實防止和克服兩種傾向：一種是"無用論"，認為這些年黨內教育沒少搞，但一些問題仍然存在，這次教育也起不了很大的作用；一種是"速勝論"，期望通過這次集中教育，"畢其功於一役"[2]，解決所有存在的問題。

保持黨的先進性要把抓經常性教育和開展適當的集中教育有機結合起來。這就如同為了保持人的身體健康要抓保健一樣，既要經常檢查身體及時發現病症，又要針對病症進行及時治療。人生活在現實中，難免受到各種病菌的侵蝕，所以要經常檢查身體，及時發現和排除病害。對有些重大疾患，還必須下猛藥集中治療。保持黨的先進性也要與時俱進，常學常新。因為黨的先進性是歷史的、具體的；先進性建設既有緊迫性，又具長期性。過去先進不等於現在先進，現在先進也不等於將來先進。無論是開展經常性還是集中性的黨內教育，目的都是一個，就是為了"強身健體"，解決問題，有效清除我們思想上的"病菌"和工作中的"疾患"。

"無用論"採取無所作為的消極態度，放棄積極有效的檢查和對症治療；"速勝論"採取一勞永逸的極端態度，期望通過一次診療或一劑猛藥就包治百病，根絕病灶。這兩種傾向都違背了唯物辯證法，都可能導致 "走過場" 的結果，是於事無補的。正確的態度應該是：積極而主動地投身於這次集中教育活動，切實把自己擺進去，查思想、找差距、挖根源，努力在 "強身健體" 上下工夫，在解決問題上花力氣，使人民群眾真正看到實實在在的成效。

【註釋】

[1] 保持共產黨員先進性教育，指中國共產黨從 2005 年 1 月至 2006 年 6 月，在全黨開展的以實踐 "三個代表" 重要思想為主要內容的保持共產黨員先進性教育活動。教育活動涉及全黨 7000 多萬黨員、350 多萬個基層組織。

[2] 見孫中山《〈民報〉發刊詞》。孫中山（1866—1925），名文，號逸仙，廣東香山（今廣東中山）人。偉大的民族英雄、偉大的愛國主義者、中國民主革命的偉大先驅。他提出民族、民權、民生的三民主義政治綱領，率先發出 "振興中華" 的吶喊，領導辛亥革命，推翻了統治中國幾千年的君主專制制度。後在中國共產黨和蘇俄共產黨、列寧的幫助下，改組中國國民黨，實行聯俄、聯共、扶助農工三大政策，實現國共合作，把反帝反封建的民主革命推向前進。

牢記科學發展的使命

（二〇〇五年三月三十日）

　　要落實胡錦濤總書記提出的努力在全面建設小康社會、加快推進社會主義現代化的進程中繼續走在前列的要求，首先必須在樹立和落實科學發展觀方面走在前列。要堅持把科學發展觀作為指導發展的根本指南，把繼續加強和改善宏觀調控作為落實科學發展觀的具體體現，把深入實施"八八戰略"作為浙江落實科學發展觀的生動實踐，切實增強用科學發展觀指導和推進發展的緊迫感、責任感和使命感。浙江人均生產總值已接近全面建設小康社會的目標，但實現全面建設小康社會光有幾個大的指標是不夠的，應當從經濟更加發展、民主更加健全、科教更加進步、文化更加繁榮、社會更加和諧、人民生活更加殷實等六個方面來全面理解，全面推進，促進各方面工作走在前列。

樹立和諧社會的理念

（二〇〇五年四月四日）

　　構建社會主義和諧社會，是黨中央從全面建設小康社會、開創中國特色社會主義事業新局面的全局出發，在實踐中推進理論創新取得的一個重大成果。要按照“民主法治、公平正義、誠信友愛、充滿活力、安定有序、人與自然和諧相處”的要求，把和諧社會的理念統一到社會主義經濟建設、政治建設、文化建設和社會建設之中。把激發全社會創造活力和實現各方面利益有機結合起來，妥善處理公平與效率的關係，通過市場來更好地配置資源、激發效率，通過政府來更多地協調利益、關注公平。把加強民主法制建設和加強思想道德建設有機結合起來，切實發展社會主義民主，擴大公民理性合法有序的政治參與。把加強政府管理與推動社會自治有機結合起來，建立健全黨委領導、政府負責、社會協同、公眾參與的社會管理格局。

弘揚求真務實的精神

（二〇〇五年四月六日）

求真務實，是加強黨的先進性建設的一個重要方面，是貫徹落實各項舉措、推進各項事業發展的重要保證。胡錦濤總書記再三叮囑我們，要始終牢記"兩個務必"，大力弘揚求真務實精神，大興求真務實之風。我們要以開展保持共產黨員先進性教育活動為契機，努力在轉變作風上下工夫，力求做到求客觀實際之真、務執政為民之實。省委一直強調的深化理論武裝求真諦、深入調查研究重實際，狠抓工作落實動真格、加快浙江發展務實效，高度關注民生繫真情、堅持為民謀利出實招，都體現了求真務實的要求，也是加強黨的先進性建設的題中之義。我們要謙虛謹慎地對待成績，科學民主地進行決策，真抓實幹地抓好落實，辦實事而不圖虛名，求實效而不做虛功，使先進性教育活動取得實實在在的成效。

從"倒逼"走向主動

（二〇〇五年四月十五日）

兵法云："置之死地而後生。"[1] 這話說得絕對了些。但世上有些事確實是"倒逼"出來的。譬如，浙江人多地少，自然資源匱乏，逼著眾多浙商走南闖北開闢新天地，逼著眾多企業做好"無中生有"促發展的文章。二十多年改革開放的歷程，不僅"倒逼"出浙江的實力和活力，而且造就了一批創業型人才，這是浙江推進新發展的最大"資源"。

現在，國家實施宏觀調控政策和現實經濟活動中資源要素瓶頸制約形成了新的"倒逼"機制，實際上這也是調整經濟結構、轉變增長方式的一個契機。我省一些地方以脫胎換骨的勇氣，從被"倒逼"轉向主動選擇，逼出了"騰籠換鳥"、提升內涵的新思路，逼出了"借地升天"、集約利用的新辦法，逼出了節能環保、循環經濟的新轉折，從而用"倒逼"之"苦"換來發展之"甜"，爭取實現"鳳凰涅槃、浴火重生"的新飛躍。這說明，面對"倒逼"的客觀現實，唯有變壓力為動力，深刻認識，儘早覺悟，抓緊行動，才能從"倒逼"走向主動，形成可持續的發展機制，真正把科學發展觀落到實處。

【註釋】

[1] 參見《孫子‧九地》。原文是："陷之死地然後生。"《孫子》是中國古代最著名的兵書，是世界現存最古老的軍事理論著作。春秋末孫武著。

批評與自我批評要動真格

（二〇〇五年四月二十五日）

批評與自我批評是黨的優良傳統，也是最重要的作風之一。現在有一種傾向，好像批評是不得了的事情，批評誰就得罪誰，出現批評的人不敢批評、被批評的人也不願被批評等現象，有的與其說是批評與自我批評，還不如說是表揚與自我表揚。這是一種不好的風氣，甚至對黨組織的肌體健康是有危害的。目前，先進性教育活動已進入分析評議階段。這一階段的一個重要環節，就是認真地而不是敷衍地開展批評與自我批評。

天下無盡善盡美之事，世上無十全十美之人。問題在於往往自病不知，識己更難。於是，工作中有不足，幹事業有失誤，如果有人及時指出，自己及時覺察和改正，於工作和事業有利，對自己成長和進步也有好處。這是多好的事！批評是為了團結，連批評都不敢開展了，團結也是不牢固的。一團和氣、好好先生、你好我好大家好，這不是團結，而是渙散，也是一種麻痹。應該說，同志間互相批評，是信任、是理解、是支持、是愛護。只考慮個人得失，不講真理，不講原則，對缺點和錯誤視而不見，甚至姑息縱容，任其發展，必然積小過為大失，從量變到質變。作為共產黨員，就應該相互坦誠地直言其過，就應該有聞過則喜的胸懷和氣量。當然批評不是“大批判”，要以先進性教育活動為

契機，注意在談心、評議中認真開展批評與自我批評，營造一種
勇於批評、歡迎批評、接受批評的良好氛圍，使之成為一種好的
風氣和長效機制。黨員領導幹部在開展批評與自我批評時，要做
好表率，起到示範帶頭作用。

一個黨員就是"一面旗"

（二〇〇五年四月二十七日）

　　黨員要對黨忠誠，對組織負責，對社會負責，對群眾負責。黨員的身份決定著，一名黨員無論在什麼地方、什麼崗位，他的第一身份是共產黨員，第一職責是為黨工作，第一目標是為民謀利，辦任何事情都要想到黨，想到黨的事業和黨所代表的群眾利益，做任何工作都要想到是代表黨去開展工作，有任何成績都要想到是黨組織領導和培養的結果。作為一名黨員還應意識到，黨員的形象就反映了黨的形象，特別是基層群眾看我們黨，很大程度上就是通過身邊的黨員來看的。一個黨員就是群眾中的"一面旗"，千百萬共產黨員的先進形象就是我們黨的光輝形象。從李大釗[1]、方志敏[2]等革命先驅和革命先烈到社會主義建設和改革時期湧現出來的無數英雄模範人物，都堪稱廣大黨員和群眾心目中的"一面旗"。所以，我們一定要見賢思齊，以實際行動樹立共產黨員的良好形象，做到平常時間能看得出來，關鍵時刻能衝得出來，危難時刻能豁得出來。

【註釋】
[1] 李大釗（1889—1927），河北樂亭人。中國接受和傳播馬克思主義的先驅，中國共產黨主要創建者之一。
[2] 方志敏（1899—1935），江西弋陽人。中國無產階級革命家、軍事家。

人生本平等，職業無貴賤

（二〇〇五年四月二十九日）

　　人生本平等，職業無貴賤。三百六十行，行行都是社會所需要的。不管他們從事的是體力勞動還是腦力勞動，是簡單勞動還是複雜勞動，只要有益於人民和社會，他們的勞動同樣是光榮的，同樣值得尊重。特別是農民工，既是經濟建設的重要力量，也是構建和諧社會的重要力量，不但可以贏得重視和尊重，而且同樣可以成為勞動者中的傑出代表和社會楷模。

　　過去我們在不同的歷史時期推出過各行各業、各種類型的先進典型，但在數量極其龐大的農民工群體中卻不曾推出過先進典型。李學生[1] 正是新時期農民工的好代表，他的事跡充分體現了中國農民的傳統美德，體現了廣大農民工的精神品質。應該說，農民工既是農民的一部分，同時又加入到工人階級隊伍中來了，應當是新時期工人階級的重要組成部分，他們一樣為經濟社會發展作出了重大貢獻。社會上有些人歧視、責難農民工，一些企業和部門侵害農民工的利益，是十分錯誤的，與構建和諧社會的要求是背道而馳的。我省作為經濟發達的開放地區，農民工群體人數龐大，應該在有關農民工的政策制定上、對農民工的關心和管理上做一些積極的探索，絕不能讓農民工流汗又流淚。要堅持管理與服務結合、教育與維權並重，積極探索流動人口管理的新途

徑、新方式，推進社會化、市場化、信息化和人性化管理，特別
要關心和重視農民工的生產和生活，切實維護廣大農民工的合法
權益，給廣大農民工以真切的人文關懷，同時加強對農民工的教
育、引導和管理，更好地發揮流動人口的積極作用。

【註釋】

[1] 李學生（1969—2005），河南商丘人。2005 年 2 月 20 日，因搶救在鐵軌上玩
    耍的孩子犧牲，被中共河南省委、河南省人民政府追認為中國共產黨員、革命
    烈士。

做人民群眾的貼心人

（二○○五年五月九日）

　　黨是最廣大人民根本利益的忠實代表，黨始終堅持立黨為公、執政為民，全心全意為人民服務，與人民群眾保持血肉聯繫。一個黨員，如果與群眾的距離遠了，就與黨拉開了距離；心中沒有群眾，就不配再做共產黨員。"群眾利益無小事"，柴米油鹽等問題對群眾來說就是大事。老百姓可能不關心 GDP，但他們關心吃穿住行，關心就業怎麼辦、小孩上學怎麼辦、生病了怎麼辦、老了怎麼辦，等等。針對這些問題，我們必須切實把發展的理念轉變到科學發展觀上來，轉變到以人為本上來。在這個過程中，共產黨員一定要服務群眾並教育群眾，努力做為人民群眾服務的帶頭人，做人民群眾信賴、尊敬的貼心人。

發展循環經濟要出實招

（二〇〇五年五月十一日）

　　發展循環經濟是走新型工業化道路的重要載體，也是從根本上轉變經濟增長方式的必然要求。我省資源相對短缺，而發展需要的資源量又很大；環境承載容量相對較小，而龐大經濟總量所帶來的廢棄物又很多；經濟結構的層次相對較低，而群眾對生活質量的要求又很高。這些矛盾迫使我們必須在發展循環經濟上先行一步，努力在資源的高效利用和循環利用上出實招、見成效。要加大宣傳力度，在全社會樹立循環經濟的理念，轉變單純追求GDP 的觀念。要加強政策引導，充分發揮稅收、金融、價格和財政等經濟政策的作用，探索建立鼓勵發展循環經濟的政績考核體系和相應的激勵導向及約束機制。要完善法規體系，建立有利於促進資源多重利用和節能、節水、節地、節材的法律法規，逐步將發展循環經濟納入法制化軌道。要深入研究發展循環經濟的技術支撐和保障，開發生產清潔化、環境無害化、能耗節約化的科學技術，開展這方面的信息諮詢、技術推廣和培訓服務等。要抓試點示範和不同層面的有序推進，圍繞減量化、再利用、資源化的基本原則，積極倡導清潔生產和綠色消費，形成企業間生產代謝和共生關係的生態產業鏈，在典型示範中引導公眾參與建立循環型社會。

努力建設環境友好型社會

（二〇〇五年五月十六日）

改革開放以來我省經濟年均增長率高達百分之十三，但也付出了沉重的環境代價。現在，環境污染問題已不是局部的、暫時的問題。江南水鄉受到污染沒水喝，要從這裏調水從那裏買水。近岸海域海水受到污染，赤潮頻發。這就好比借錢來做生意，錢是賺來了，但也欠了環境很多的債，同時還要賠上高額的利息。欠債還錢，天經地義。生態環境方面欠的債遲還不如早還，早還早主動，否則沒法向後人交代。為什麼說要努力建設資源節約型、環境友好型社會？你善待環境，環境是友好的；你污染環境，環境總有一天會翻臉，會毫不留情地報復你。這是自然界的客觀規律，不以人的意志為轉移。因此，對於環境污染的治理，要不惜用真金白銀來還債。目前在全省上下全力實施的“811”環境污染整治行動，是生態省建設的重要內容，是一項針對現實的、刻不容緩的、極具意義的任務。這也是一場環境污染整治的攻堅戰、持久戰。我們一定要打贏這場攻堅戰、持久戰。

化壓力為動力

（二〇〇五年五月三十日）

　　面對當前發展中遇到的一些困難和問題，各級幹部不同程度地感到一些壓力，比如，轉變傳統思維定勢的壓力，落實領導責任制的壓力，基層工作難做的壓力，上級機關檢查和督導的壓力，甚至還有一些遭受非難和責怪的壓力。有壓力是事業心和責任感的體現。井無壓力不出油，人無壓力輕飄飄，把壓力轉化為動力，可以促進工作，提高質量。但壓力過大，超過承受程度，也會影響情緒，走向反面。領導工作的一項重要內容，就是發揮"調壓器"的作用，適時給幹部"增壓"和"減壓"，使其始終保持在一種"常壓"的工作狀態。"調壓"的目的就在於更好地調動和保護各方的積極性。氣可鼓而不可泄。各方尤其是基層幹部的積極性，是推進發展的動力。無論在什麼情況下，我們都要加以珍惜，給予保護，這也是各級領導幹部的重要職責。特別是對基層幹部，要全面落實"三真"要求 [1]，多給一些鼓勵，多予一些指導，多教一些方法，既要下達"過河"的任務，更要切實指導幫助其解決"橋"和"船"的問題。全省上下齊心協力，就必定能做好我們的各項工作。

【註釋】

[1] "'三真'要求"，主要內容是："真誠傾聽群眾呼聲，真實反映群眾願望，真情關心群眾疾苦。"

保持先進性就是走在前列

（二○○五年六月一日）

　　保持共產黨員先進性，關鍵是要幹在實處，走在前列。先進性，其意義是“先”，要務是“進”。所謂“前列”，即在行進過程中走在前，或次序排在前，或時間趕在前，或工作做在前，這是一個動態的過程。“前列”與“落伍”相對，有先就會有後。保持先進性，就要走在前列，否則，不進則退，難免會掉下隊來。

　　黨員的先進性不是與生俱來的，也不是一勞永逸的。入黨的時候先進，不意味著後來都先進。過去先進不意味著今天先進，今天先進也不意味著永遠先進。先進之路、前列之途往往不是平坦大道，這就需要有進取之心、克難之志、開拓之力。飽食終日，無所用心不能走在前列；做一天和尚撞一天鐘，端一杯清茶看一天報紙也不能走在前列；不敢闖、不敢試，墨守成規，拘謹守分，同樣不能走在前列。保持先進，走在前列，就必須學習在先、調查在先、研究在先、實踐在先，在實踐中努力掌握新知識，積累新經驗，增長新本領；必須胸有目標，腳踏實地，立足自身，不甘現狀，追求更好，敢於突破；必須聞毀不戚，聞譽不欣，慎始如初，善作善成。保持先進性，就是要始終保持那麼一股勁、那麼一種精神，從我做起，從現在做起，勇於走在時代前列。從我做起才服人，走在前列才光榮，只有這樣，我們才會得到大家的支持和擁護。

不畏艱難向前走

（二〇〇五年六月二十日）

　　浙商源起於浙江獨特的文化基因，源起於對傳統計劃經濟體制的突破，源起於浙江資源環境的約束。從這個意義上說，浙商也代表了浙江廣大幹部群眾的創造精神、創新精神和開放精神。浙江之所以能夠由一個陸域資源小省發展成為經濟大省，正是由於以浙商為代表的浙江人民走遍千山萬水、說盡千言萬語、想盡千方百計、吃盡千辛萬苦，正是由於歷屆黨委、政府尊重群眾的首創精神，大力支持，放手發展。浙商自草根中來，每一位浙商的成長都伴隨著克難攻堅的拚搏，每一位浙商都有一部艱苦的創業史。

　　進入新世紀新階段，隨著浙江經濟的不斷發展和規模的日益擴大，我們在發展中又遇到許多困難，既有"先天的不足"，又有"成長的煩惱"，原有的一些優勢正在減弱，新的矛盾又在產生。浙江的發展正進入一個關鍵時期，在這個關鍵時期，結構需要優化，產業需要升級，企業需要擴張，要素需要保障，環境需要保護，市場需要更大的空間，經濟增長方式需要從根本上轉變。面對產業升級的動力，企業發展的張力，要素制約和資源環境的壓力，我們必須尋找新的出路，拓展新的空間。浙江的資源稟賦逼迫我們，浙商的走南闖北啟示我們：浙江要在新的起點上實現更快更好的發展，既需要"立足浙江發展浙江"，又必須"跳出浙江發展浙江"。同時，妥善處理"走出去"與"引進來"的關係，既為浙商走出去搭橋鋪路，做好引導，又為浙商的回歸搭建平台，創造良好的投資環境、創業環境，使更多在外創業有成的浙商反哺家鄉，在更高的層次上實現更快更好的發展。前進的道路從來不是一帆風順的，但是包括浙商在內的浙江人民從來不怕苦，從來不畏難，這是我們不斷前進、走在前列的不竭動力。

善於同群眾說話

（二〇〇五年六月二十九日）

人民群眾是共產黨存在和發展的基礎、力量和智慧的源泉。共產黨最基本的一條經驗是一刻也不能脫離人民群眾。現在基層出現的問題，很多是因為沒有重視群眾工作，沒有做好群眾工作，不會做群眾工作，甚至不去做群眾工作。有少數幹部不會同群眾說話，在群眾面前處於失語狀態。其實，語言的背後是感情、是思想、是知識、是素質。不會說話是表象，本質還是嚴重疏離群眾，或是目中無人，對群眾缺乏感情；或是身無才幹，做工作缺乏底蘊；或是手腳不淨、形象不好，在人前缺乏正氣。

因此，做群眾工作要將心比心，換取真心。群眾在黨員幹部心裏的分量有多重，黨員幹部在群眾心裏的分量就有多重。這說明，只有在平時多做過細的群眾工作，才能真正取得群眾的認同和信任。有了這個牢固的基礎，遇到問題和矛盾時才容易同群眾說上話、有溝通、好商量、能協調。

堅持效率優先兼顧公平

（二〇〇五年七月一日）

　　和諧社會應當是一個既能激發全社會的創造活力，又能維護公平正義的社會。促進公平和正義的基本前提是正確處理公平與效率的關係。首先，堅持"效率優先、兼顧公平"是一個長期的方針，公平要建立在效率的基礎上，效率也要以公平為前提才得以持續。當前，在促進效率和維護公平上出現的一些問題，並不是這個方針本身存在什麼問題，而是沒有真正讓效率得到充分發揮，使公平得以兼顧。社會主義初級階段的公平只能是相對的，不能離開生產力水平開空頭支票、盲目吊高胃口。其次，效率和公平有分工的不同，實現的途徑也有所不同。初次分配應當注重效率，發揮市場這隻"看不見的手"的作用；二次分配應當注重公平，發揮政府這隻"看得見的手"的作用。再次，要真正解決社會公平問題，必須擴大中等收入者的比重，使社會收入結構由高收入者很少、低收入者很多的金字塔形，轉變為中等收入者為主體、高低收入者佔少數的橄欖形。浙江是一個充滿活力的地區，有著龐大的創業者群體，這為構建一個中等收入階層為主體的社會結構提供了有利的條件。在這方面要加強引導，使人們在創業中各盡其能、各得其所，這也正是構建和諧社會的題中之義。在具體工作中，要按照逐步建立權利公平、機會公平、規則公平、分配公平為主要內容的社會公平保障體系的要求，堅持實施積極的就業政策，加快完善社會保障體系，合理調節收入分配關係，致力於解決關係群眾切身利益的突出問題，不斷維護和實現社會公平和正義。

文化是靈魂

（二○○五年八月十二日）

　　文化的力量，或者我們稱之為構成綜合競爭力的文化軟實力，總是"潤物細無聲"[1] 地融入經濟力量、政治力量、社會力量之中，成為經濟發展的"助推器"、政治文明的"導航燈"、社會和諧的"黏合劑"。

　　一位哲學家曾做過這樣的比喻：政治是骨骼，經濟是血肉，文化是靈魂。這一比喻形象地說明了文化對人類社會發展所起的作用。從根本上說，文化是由經濟決定的，經濟力量為文化力量提供發揮效能的物質平台。然而，任何經濟又離不開文化的支撐：文化賦予經濟發展以深厚的人文價值，使人的經濟活動與動物的謀生行為有質的區別；文化賦予經濟發展以極高的組織效能，促進社會主體間的相互溝通和社會凝聚力的形成；文化賦予經濟發展以更強的競爭力，先進文化與生產力中的最活躍的人的因素一旦結合，勞動力素質會得到極大的提高，勞動對象的廣度和深度會得到極大的拓展，人類改造自然、取得財富的能力與數量會成幾何級數增加。文化力量對政治制度、政治體制的導向和引領作用十分明顯。一定社會的文化環境，對生活其中的人們產生著同化作用，進而化作維繫社會、民族的生生不息的巨大力量。要化解人與自然、人與人、人與社會的各種矛盾，必須依靠文化的熏陶、教化、激勵作用，發揮先進文化的凝聚、潤滑、整合作用。

【註釋】

[1] 見唐代杜甫《春夜喜雨》。

文化育和諧

（二○○五年八月十六日）

　　構建和諧社會，從以人為本的理念出發，關注人與自我、人與人、人與社會、人與自然之間的和諧，進一步明確經濟發展以社會發展為目的，社會發展以人的發展為歸宿，人的發展以精神文化為內核。

　　文化即"人化"，文化事業即養人心志、育人情操的事業。人，本質上就是文化的人，而不是"物化"的人；是能動的、全面的人，而不是僵化的、"單向度"的人。人類不僅追求物質條件、經濟指標，還要追求"幸福指數"；不僅追求自然生態的和諧，還要追求"精神生態"的和諧；不僅追求效率和公平，還要追求人際關係的和諧與精神生活的充實，追求生命的意義。我們的祖先曾創造了無與倫比的文化，而"和合"文化正是這其中的精髓之一。"和"指的是和諧、和平、中和等，"合"指的是匯合、融合、聯合等。這種"貴和尚中、善解能容，厚德載物、和而不同"的寬容品格，是我們民族所追求的一種文化理念。自然與社會的和諧，個體與群體之間的和諧，我們民族的理想正在於此，我們民族的凝聚力、創造力也正基於此。因此說，文化育和諧，文化建設是構建和諧社會的重要保證和必然要求。

文風體現作風

（二〇〇五年八月十九日）

　　在一定意義上文風也體現作風，改進作風必須改進文風。現在存在一種很不好的文風，喜歡寫長文章，講長話，但是思想內涵卻匱乏得很，就像毛主席所批評的那樣，像“懶婆娘的裹腳”。要把那些又長又臭的懶婆娘的裹腳，扔到垃圾桶裏去，其實訣竅很簡單，可用鄭板橋[1]的對聯概括為“刪繁就簡三秋樹，領異標新二月花”。就是要開門見山，直截了當，講完即止，用盡可能少的篇幅，把問題說清、說深、說透，表達出豐富而深刻的思想內容。最要反對的是空話連篇、言之無物的八股文，那種“穿靴戴帽”、空泛議論、堆砌材料、空話連篇、套話成串、“大而全”、“小而全”等弊病，都要防止和克服。

　　當然，我們提倡短文、短話，並不是說凡是長文就一定不好。有些重要的內容，有些深刻的道理，該強調的還是要強調。總的原則是，當長則長，當短則短，倡導短風，狠剎長風。“鳧脛雖短，續之則憂；鶴脛雖長，斷之則悲。”[2]為文也是這個道理。

【註釋】
[1] 參見本書《心無百姓莫為“官”》註3。

［2］ 見《莊子・駢拇》。《莊子》是中國道家經典之一，莊子及其後學著。莊子（約前369—前286），宋國蒙（今河南商丘東南）人。戰國時期哲學家，道家學派的代表人物。他繼承老子天道自然的思想，認為道是世界最高本原。莊子哲學的目的在於達到"天地與我並生，而萬物與我為一"的境界。

理想責任價值也要重在實踐

（二〇〇五年八月二十二日）

共產黨員要保持先進性，必須堅定理想、強化責任、實現價值。理想責任價值不僅是一個認識問題，更是一個實踐問題。理想責任價值從來不是靠空談，而是來自於實踐，體現於實踐，實現於實踐。在先進性教育活動中，堅定理想、強化責任、實現價值，也要重在實踐。

堅定理想，就是共產黨員既要有共產主義的遠大目標，又要有為今天的事業而獻身的精神，做到在紛繁複雜的情況下，不迷失方向，不走錯路、彎路，貫徹好黨的路線、方針、政策，在深入實施"八八戰略"、全面建設"平安浙江"、切實增強執政本領的工作實踐中奮發有為。強化責任，就是要把黨員的責任義務明晰到具體工作崗位中，落實到出色做好本職工作上來，時刻把黨的歷史使命記在心上，把浙江改革、發展、穩定的任務記在心上，不負重託，真抓實幹，立足崗位，建功立業。實現價值，就是共產黨員要以自己的先鋒模範作用，帶領人民群眾投入到改革、發展、穩定的實踐中去，在偉大實踐中實現個人價值與人民利益的統一。

綠水青山也是金山銀山

（二〇〇五年八月二十四日）

　　我們追求人與自然的和諧，經濟與社會的和諧，通俗地講，就是既要綠水青山，又要金山銀山。

　　我省"七山一水兩分田"，許多地方"綠水逶迤去，青山相向開"[1]，擁有良好的生態優勢。如果能夠把這些生態環境優勢轉化為生態農業、生態工業、生態旅遊等生態經濟的優勢，那麼綠水青山也就變成了金山銀山。綠水青山可帶來金山銀山，但金山銀山卻買不到綠水青山。綠水青山與金山銀山既會產生矛盾，又可辯證統一。在魚和熊掌不可兼得的情況下，我們必須懂得機會成本，善於選擇，學會揚棄，做到有所為、有所不為，堅定不移地落實科學發展觀，建設人與自然和諧相處的資源節約型、環境友好型社會。在選擇之中，找準方向，創造條件，讓綠水青山源源不斷地帶來金山銀山。

【註釋】

[1] 見唐代張說《下江南向夔州》。張說（667—731），洛陽（今屬河南）人。唐代大臣。

調查研究就像“十月懷胎”

（二〇〇五年八月二十六日）

　　陳雲[1]同志曾經說過：“領導機關制定政策，要用百分之九十以上的時間作調查研究工作，最後討論作決定用不到百分之十的時間就夠了。”[2]又說：“片面性總是來自忙於決定政策而不研究實際情況。”[3]為什麼我們現在有些決策的針對性和可操作不強，說到底，根子還是在於調查研究少了一點，“情況不明決心大，心中無數點子多”。

　　正確的決策，絕對不是一個人或者一堆人，不作調查研究，坐在房子裏苦思冥想就能產生的，它要在人民群眾改革發展的實踐中才能產生。我們擔負領導工作的幹部，在對重大問題進行決策之前，一定要有眼睛向下的決心和甘當小學生的精神，邁開步子，走出院子，去車間碼頭，到田間地頭，進行實地調研，同真正明了實情的各方面人士溝通討論，通過“交換、比較、反覆”，取得真實可信、扎實有效的調研成果，從而得到正確的結論。調查研究就像“十月懷胎”，決策就像“一朝分娩”。調查研究的過程就是科學決策的過程，千萬省略不得、馬虎不得。

【註釋】

[1] 陳雲（1905—1995），江蘇青浦（今屬上海）人。原名廖陳雲。馬克思列寧主義者，中國無產階級革命家、政治家，中國共產黨、中華人民共和國的主要領導人，中國社會主義經濟建設的開創者和奠基人之一。曾任中國共產黨中央政治局常委、中央委員會副主席、中央紀律檢查委員會第一書記，中華人民共和國國務院副總理。

[2] 見陳雲《怎樣使我們的認識更正確些》（《陳雲文選》第 3 卷，人民出版社 1995 年版，第 189 頁）。

[3] 見陳雲《做好商業工作》（《陳雲文選》第 3 卷，人民出版社 1995 年版，第 34 頁）。

大力弘揚抗颱救災精神

（二〇〇五年九月十五日）

今年入夏以來，一次又一次的颱風侵襲，使人們一次又一次地感受到，這既是一場人力不可抗拒的自然災害，更是一場弘揚"浙江精神"的偉大鬥爭。全省廣大黨員幹部和群眾在狂風暴雨、波瀾壯闊、生死考驗中鑄就了抗颱救災精神。這包括：以人為本、人民至上的宗旨觀念，尊重規律、求真務實的科學態度，萬眾一心、眾志成城的團結意識，相互協作、自立自救的自強信念，公而忘私、敢於犧牲的奉獻品格，百折不撓、堅韌不拔、連續作戰的拚搏精神，紀律嚴明、招之即來、來之能戰的優良作風，衝鋒在前、勇挑重擔、關鍵時刻站得出、危難之際豁得出的英雄氣概。這些精神，實實在在地體現了共產黨員的先進性，與時俱進地豐富了"浙江精神"，這是我們奪取抗颱救災全面勝利的法寶，也是我們做好各方面工作的強大動力。我們一定要大力弘揚抗颱救災精神，激勵災區幹部群眾奮起抗災自救，激勵廣大黨員始終保持先進性，激勵全省人民為"幹在實處、走在前列"作出新貢獻。

完善社會動員機制

（二〇〇五年九月十九日）

　　面對接二連三的颱風肆虐，我們始終堅持以人為本、人民至上的宗旨觀念，為了"不死人、少傷人"，各級領導幹部到崗到位、靠前指揮，基層廣大黨員和幹部勇挑重擔、動員群眾，成功實施百萬群眾大轉移，有效保障了人民生命安全，充分體現了社會主義制度的無比優越性。這期間，領導幹部與基層幹部密切聯繫，黨員幹部與廣大群眾連為一體，本地群眾與外來人員同受關注，黨委、政府與地方部隊協同作戰，群眾動員與資源動員配套進行，形成了有效防災減災避災的社會動員機制。

　　能否有效進行社會動員，是對執政能力的現實考驗。我們在防颱抗颱鬥爭中演練出來、成熟起來並不斷完善的社會動員機制，不僅對防災避險至關重要，而且具有全局性的重大意義，對做好國防動員、處置公共危機，包括處理重大安全事故、疾病災害、突發事件等，都有借鑒意義。我們要認真總結國內外的經驗教訓，探索規律，完善預案，依託基層，發動群眾，加強日常組織和演練，不斷完善社會動員機制，切實提高保障公共安全和處置突發事件的能力。

堅持科學維權觀

（二〇〇五年九月二十六日）

維護群眾合法權益，是工會、共青團、婦聯等群團組織的基本職能。當前，在改革與發展的過程中出現的各種利益矛盾和權益糾紛，給群團組織的維權工作帶來新的挑戰。正如發展要講科學一樣，維權也要講科學。堅持科學維權觀就是科學發展觀在維權工作中的體現和要求。

堅持科學維權觀，關鍵是要做到以人為本、依法辦事、統籌協調。我們要把實現好、維護好、發展好廣大人民群眾的根本利益作為一切工作的出發點和落腳點，在各項工作中注重維護群眾合法的經濟、政治、文化和社會權益。要牢固樹立依法執政、依法行政和依法辦事的法治理念，把維權工作納入法治化的軌道，嚴格執行國家法律法規，同時，教育引導人民群眾合法、理性、有序地表達利益訴求，依法維護自身權益。要從構建社會主義和諧社會的高度出發，把維權工作作為加強社會建設和管理的重要內容，建立健全黨委領導、政府負責、社會協同、公眾參與的社會管理格局，注重發揮工會、共青團、婦聯等群團組織的橋樑紐帶作用，打破部門分割，整合維權資源，完善維權管理網絡，不斷提高社會管理和社會服務的能力。

轉變經濟增長方式的辯證法

（二〇〇五年十一月二十三日）

　　轉變經濟增長方式，從"九五"時期就已經提出。多年來的實踐證明，轉變經濟增長方式，是解決經濟運行中一系列難題的關鍵，是一個複雜的系統工程，一項長期的戰略任務。要真正實現轉變經濟增長方式的目標，關鍵是要認識和處理好轉變經濟增長方式與實現經濟增長速度的辯證關係。從長期和根本上看，保持經濟平穩較快增長與推進經濟增長方式轉變具有高度的內在統一性。保持經濟平穩較快增長，可以積累更多的物質財富和技術資源，緩解經濟社會發展中的矛盾和問題，提供較為寬鬆的社會環境，為轉變經濟增長方式創造較好的條件和迴旋餘地。轉變經濟增長方式，走節約發展、清潔發展、安全發展、可持續發展的道路，可以大幅度降低單位產出的資源消耗和污染排放，提高經濟增長的質量和效益，推動經濟運行進入良性循環，從而長期保持經濟平穩較快增長。同時，轉變經濟增長方式有一個從量變到質變的過程，可能會有一個陣痛期，經濟增長方式轉變還會對經濟增長速度帶來一定影響。在這個過程中，會在存量和增量兩方面影響短期經濟增長。存量方面，由於要增加社會和企業在治理環境污染方面的成本，增加企業提高勞動力工資和研發投入帶來的成本，會使企業短期效益下降，甚至有一些企業和產業可能因無法消化這些成本而造成經營困難。增量方面,由於更加嚴格地控制土地供給,更加嚴格地限制高能耗行業和禁止高污染行業的發展,可能影響一個地方的投資規模,進而影響到當地的即期經濟增長。對此,我們應有充分的思想準備,在制定有關政策、確定有關舉措時把握好度,掌握好平衡點,既要防止經濟出現大的波動,更要堅定不移地推進經濟增長方式轉變,真正在"騰籠換鳥"中實現"鳳凰涅槃"。

超越自我、完善自我、再造自我

（二〇〇五年十一月二十五日）

　　民營經濟再創新優勢、實現新飛躍，要堅持以科學發展觀為指導，努力走出一條依託自主創新、營建自主品牌、弘揚自強文化、構建自身特色的新路。

　　轉變經濟增長方式是實現科學發展的重要立足點。有前途的企業，總是會把視野拓得很寬，把目光放得很遠。民營企業應勇於超越自我，努力做轉變增長方式的先鋒，從主要依靠先發性的機制優勢，向更多依靠制度創新、科技創新和管理創新轉變，從比較粗放的經營方式，向更加注重質量和生態的經營方式轉變。

　　提高自主創新能力是轉變經濟增長方式的中心環節。在知識產權、貿易壁壘和勞資矛盾、資源約束的壓力下，民營企業應勇於完善自我，努力做自主創新的主體，加大投入，捨得投入，大力提高原始創新能力、集成創新能力和引進消化吸收再創新能力。

　　品牌是自主創新能力的重要載體。對品牌資源的創造、佔有和運用，已經成為世界各國取得競爭優勢和提升綜合國力的關鍵因素。民營經濟作為浙江經濟的活力和創造力、競爭力所在，要依託制度、技術、管理和文化的創新，在品牌建設上發揮主力軍作用，在超越自我、完善自我中再造自我。在此基礎上，各方面共同努力，走出一條從品牌產品到品牌企業，由品牌企業到品牌經濟，由品牌經濟建設品牌大省的發展之路。

實施素質教育是建設創新型國家的基礎

（二〇〇五年十二月七日）

全面實施素質教育，是促進人的全面發展的有效保證，也是建設創新型國家的重要基礎。對中小學生進行文化教育，不僅要注重科學知識的教授，而且更應重視人文精神的培養。只有科學文化與人文文化的有機交融，才能使一個人真正樹立科學精神，"活化"所學知識，正確認識世界，能動改造世界。

黨的十六屆五中全會突出強調自主創新的重要性，把建設創新型國家作為一項重大的戰略任務，同時也強調要在全社會形成推進素質教育的良好環境。自主創新的基礎就在於素質教育。基礎教育要做到以人為本，就是要加強素質教育，不僅使學生德智體美全面發展，而且使學生的人格、個性也得到和諧發展；不僅要開發學生的智力，而且要培養學生的創新和實踐能力；不僅要"授之以魚"、教授學生"學會"，而且要"授之以漁"、教授學生"會學"；不僅要教學生學習文化知識，而且還要教學生懂得立身做人的基本道理，使學生心智健全、人格完善、體格健康，得到全面發展和整體發展。

區域協調發展要注重抓“兩頭”

（二〇〇五年十二月九日）

　　縮小地區發展差距，實現區域協調發展是我省“十一五”時期的一項重大歷史任務。要實現這一任務，必須貫徹落實科學發展觀，注重抓“兩頭”，把促進發達地區加快發展與欠發達地區跨越式發展有機統一起來。跨越式發展不是指更快的速度、更大的總量，而是指在發展過程中跨越傳統發展模式中的某個甚至某幾個階段。就我省欠發達地區而言，既沒有走傳統工業化路子的資源和條件，其生態環境特點也不允許再走那種粗放式經營的老路，必須努力跨越傳統工業化過程中的某些階段，在節約生產、清潔生產、安全生產的高起點尋求新的發展。發達地區經濟總量大，佔全省經濟比重高，是我省綜合實力和區域競爭力的主要體現。同樣，發達地區加快發展的目標是好中求快，又快又好。這樣既可以更好地發揮帶動和引領全省經濟發展的重要作用，又可以更好地支持欠發達地區實現跨越式發展，從而推動全省區域協調發展。

著力調整投資和消費的關係

（二〇〇五年十二月十二日）

　　著力形成協調、均衡的投資和消費關係，有效發揮投資和消費對經濟的雙重拉動作用，是貫徹擴大內需方針的題中之義，也是一個國家和地區在進入工業化中後期之後需要解決的重大問題。馬克思在《資本論》中論述兩大部類的關係時就曾指出，居民消費規模決定投資規模，投資規模決定生產規模，所以居民的最終消費才是經濟增長的原動力。運用這一基本觀點分析浙江的發展實際，我省在工業化發展初期的高投入雖然有效支撐了經濟的高增長，推動了產業升級和基礎設施的改善，但投資率長期偏高，消費率相對偏低，投資和消費比例失調，則會形成增長過分依賴於投資的局面，引起生產、分配、消費等宏觀領域的一系列問題。從目前浙江居民收入水平、消費升級現狀、市場需求潛力等方面來看，我省正處於由投資推動型增長向投資和消費雙推動型增長的轉折期。根據發達國家的經驗，一個地區的居民一旦進入以住行為主的消費階段，如能因勢利導，將成為帶動整體經濟增長的強勁動力，形成較長時期的景氣繁榮。

　　當然，擴大居民消費需求，不像啟動投資需求那樣立竿見影，而要有一個過程。當前，宏觀調控已經在調整投資和消費關係上取得了明顯成效，出現了投資降而優化、消費升而擴大的趨勢。我們要進一步調整政策，制定措施，特別是要通過加大財政轉移支付力度等手段，努力縮小居民之間、城鄉之間、地區之間的收入差距，把增加居民消費特別是農民消費作為擴大消費需求的重點，著力提高農村、欠發達地區和低收入群體的消費能力；進一步完善社會保障體系，降低居民未來預期支出，擴大即期消費需求，讓老百姓敢於花錢消費；進一步深化改革，消除抑制消費的不利因素，搞好消費服務，完善消費信貸，加快社會信用體系建設，使廣大消費者放心消費、樂於消費、安全消費。

二〇〇六年

調查研究要點面結合

（二〇〇六年一月九日）

　　調查研究是一門致力於求真的學問，一種見諸實踐的科學，也是一項講求方法的藝術。在現代社會分工多樣化、利益多元化的背景下，社會各方面的差異日益突出。在這種情況下，各級黨委、政府進行決策所需要的信息大量增加，這就要求我們掌握儘可能多的情況，善於從大量的個體情況中找到一般規律，從整體上把握客觀事物，從而作出正確的決策。對過去蹲點調查、“解剖麻雀”等方法，要學習、要弘揚，同時又要不斷改進方法和手段。既要抓點、搞好典型調查，也要注重調查研究對象的廣泛性，不能以點蓋面，以偏概全，只見樹木，不見森林。毛澤東同志很重視典型調查，是進行典型調查的行家裏手，但是他也審慎地看到典型調查成果適用範圍有限，告誡我們“不要陷於狹隘的經驗論”[1]。

　　對於領導幹部來說，個人的時間和精力有限，即使花再多的時間親力親為，也難免有其局限性，難以保證調查研究的對象有足夠的廣泛性和代表性。要解決這個矛盾，一方面要遵循調查研究的特點和規律，掌握科學的調研方法，提高調查研究的效率和效益，以儘可能少的時間獲得儘可能多的有效信息；另一方面要充分發揮各地各部門特別是綜合調研部門的作用，充分調動社會各界的研究力量，充分運用現代化的信息手段，多層次、多方位、多渠道地了解情況，做到點面結合、上下結合、內外結合，使決策建立在充足的事實依據之上。

【註釋】

[1] 見毛澤東《關於農村調查》（《毛澤東文集》第 2 卷，人民出版社 1993 年版，第 382 頁）。

"三化"帶"三農"，城鄉共繁榮

（二〇〇六年一月二十三日）

　　農業與二、三產業、城市與農村存在著非常緊密的依存關係。工農關係、城鄉關係始終是現代化建設進程中必須處理好而又容易出偏差的一個具有全局意義的問題。建設社會主義新農村，必須深入貫徹胡錦濤總書記關於"兩個趨向"的重要論斷，一手抓工業化、城市化、市場化的健康推進，一手抓統籌城鄉發展，充分發揮"三化"對"三農"的帶動作用。這幾年，浙江大力實施統籌城鄉發展方略，加快先進製造業基地建設和城市化進程，以中心城市、中心鎮和塊狀特色經濟的發展壯大帶動產業和人口的集聚，使全省四分之三的農村勞動力轉移到二、三產業就業，成為推動工業化、城市化的生力軍；以新型工業化帶動農業現代化，以現代產業發展的理念經營農業，以先進的裝備設施來武裝農業，以農產品加工流通的龍頭企業來帶動農業，積極鼓勵和引導工商企業特別是民營企業投資農業，形成了一大批農業龍頭企業；積極調整國民收入分配格局，加大公共財政向農村傾斜，加快城市基礎設施向農村延伸，加速公共服務向農村覆蓋，形成了城鄉互動互促的機制，有力促進了城鄉一體化發展。實踐表明，工業化、城市化、市場化和農業農村現代化的互促共進，是從根本上解決"三農"問題的不二法門，是城鄉共同發展、共同繁榮的康莊大道。

科技創新是建設節約型社會的關鍵

（二〇〇六年一月二十五日）

　　通過科技創新和技術革新節約成本、降低消耗，是我們國家從社會主義建設初期就形成並保持下來的一個好做法、好傳統。在社會主義市場經濟條件下，在以信息技術、新能源、新材料、生物工程等高新技術引領科技潮流的背景下，我們建設節約型社會，更要以推進創新型國家建設為契機，通過科技創新來降低生產、消費、流通等各個領域的資源消耗。現代社會早就告別了煙囪林立的"大工業時代"，進入了信息化時代。節約資源，特別是節約不可再生資源成為現代科技發展最突出的特徵和最重要的目標。我們建設節約型社會，就要健全政府支持、企業主導、產學研結合的技術研究和開發體系，加大對資源節約和循環利用關鍵技術的攻關力度，努力突破技術瓶頸，構建節約資源的技術支撐體系。在節約方面的技術創新，一方面，要眼睛向內，大力推廣已有的技術，使之真正發揮效用。另一方面，要眼睛向外，注重對引進技術的系統集成和綜合創新，不求所有，但求所用。同時，要充分發揮人才在技術創新中的關鍵作用，加快科技成果向現實生產力轉化，使經濟發展真正走上依靠科技進步和提高勞動者素質的軌道。

結構調整是建設節約型社會的根本

（二〇〇六年二月七日）

　　建設節約型社會是一項複雜的系統工程，涉及很多工作和很多方面。其中，經濟結構的優化升級是最大的節約，是建設節約型社會的根本途徑。粗放型增長方式要消耗大量的資源能源，可謂之"暴飲暴食型經濟成長"，就如"暴飲暴食"，不僅浪費食物、暴殄天物，終將消化不良、自損健康。但反過來看，從粗放型增長轉變為集約型增長的過程，蘊涵著建設節約型社會的巨大潛力。因此，我們建設節約型社會，既要從點滴抓起，從身邊做起，發揮節約的累積效應和長期效應，但也不能"只見樹木，不見森林"，還要注重從整體入手，從宏觀入手，牢牢抓住結構調整和增長方式轉變這個建設節約型社會的根本。在生產領域，要建立以節地、節水為中心的資源節約型農業生產體系，走新型工業化道路，著力調整投資結構，優化各種生產要素的投入比例和投入方式，加快發展服務業和高新技術產業，用先進適用技術改造提升傳統產業，嚴格控制高耗能、高耗材、高耗水產業的發展，堅決淘汰嚴重耗費資源和污染環境的落後生產能力，努力形成有利於資源持續利用和環境保護的產業結構，推動經濟社會發展實現良性循環。在消費領域，要大力倡導合理消費、適度消費的消費觀念和消費行為，使節能、節水、節材、節糧、垃圾分類回收、減少使用一次性用品等,成為全社會的自覺行動,逐步形成文明的節約型消費模式。在城鄉建設領域,要充分考慮資源條件和環境承載能力,節約和集約使用土地、淡水、能源等資源,嚴格控制建設用地,建設節約型的住宅建築和交通運輸體系。只有宏觀和微觀兩個層面都管住,建設節約型社會才能取得扎扎實實的成效。

深化改革是建設節約型社會的動力

（二〇〇六年二月九日）

　　從經濟學的角度來看，節約資源最有效的方式就是利用充分反映供求關係的價格機制，達到對資源性產品的優化配置。目前，資源浪費的一個重要原因，就是反映資源性產品稀缺程度和供求關係的價格形成機制尚未建立起來。資源性產品的價格偏低，使企業對過高的資源消耗敏感不夠，使其相當部分利潤來自低成本的資源和勞動力，導致企業在技術創新、管理創新，形成和提升核心競爭力方面缺乏壓力和動力。所以說，價格是市場經濟條件下資源配置效率的"牛鼻子"，抓住了它，就抓住了矛盾的主要方面。當然，水價、電價和油氣等資源價格改革，在生產經營性領域和生活消費性領域是有所不同的。對於前者來說，要充分發揮市場機制和經濟槓桿的作用，有針對性地消除導致產業結構低度化和經濟增長方式粗放型的體制性根源，建立能夠反映資源稀缺程度的價格形成機制。通過深化改革和制度創新，把節約資源轉化為發展的動力和內在的約束，使節約者在市場競爭中獲得更多的利益和機會，使浪費者付出更大的成本和代價。對於後者來說，由於收入差距的存在，不同收入人群對價格的敏感程度是不一樣的。如果一味強調配置效率，其價格就不能被低收入人群所接受，還需要按照社會公平原則制定有關配套措施，對低收入人群的生活給予必要的保障。

加強監管是建設節約型社會的保障

（二〇〇六年二月十三日）

目前，我們在資源開採、儲運、生產、消費等各個環節還存在著大量損失浪費現象。其中一個重要的原因就是管理鬆懈，監督不力。通過加強管理監督來實現節約，既有十分巨大的潛力，也是最直接、最有效的辦法。要抓緊制定和完善促進資源節約使用、有效利用的法律法規，建立健全各項規章制度，彌補體制、機制以及法律法規等方面的諸多漏洞，堅持科學管理和嚴格管理，切實改變土地、水、能源等各種資源的浪費現象。制定更加嚴格的節約標準，並通過有效監管加以落實，獎勵節約，懲罰浪費。建立強制淘汰制度，完善市場准入制度，建立新上建設項目的資源評價體系。還要進一步加大資源保護和節約的執法力度，嚴肅查處各種破壞和浪費資源的違法違規行為。

機關表率是建設節約型社會的重點

（二〇〇六年二月十五日）

　　機關帶頭節約資源，既是建設節約型社會的重點任務，又是加強機關效能建設的重要內容。各級機關在節約上存在著巨大潛力，通過管理體制改革完全可以實現大幅度的節約。必須認識到，"浪費也是腐敗，節約也是政績"。機關的辦公費用都是來自於納稅人，每花一分錢都要倍加珍惜、精打細算，這是對社會公共財富的節約，對人民群眾勞動成果的尊重，這也體現國家公務人員應具有的品格和道德。機關要在建設節約型社會中走在全社會前列，自覺做資源節約的表率，從自己做起，從現在做起，從身邊點滴事情做起，厲行節約，反對浪費。要抓好機關建築物和辦公系統節能改造以及公務車節能，抓緊建立科學的績效評估體系，將資源節約責任和實際效果納入各級機關目標責任制和幹部考核體系中。

多讀書，修政德

（二〇〇六年二月十七日）

我們國家歷來講究讀書修身、從政以德。古人講，"修其心、治其身，而後可以為政於天下"[1]，"為政以德，譬如北辰，居其所而眾星拱之"[2]，"讀書即是立德"[3]，說的都是這個道理。傳統文化中，讀書、修身、立德，不僅是立身之本，更是從政之基。按照今天的說法，就是要不斷加強黨員領導幹部的思想道德修養和黨性修養，常修為政之德、常思貪慾之害、常懷律己之心，自覺做到為政以德、為政以廉、為政以民。

"為政之道，務於多聞。"[4] 我們的文化傳統中包含了豐富的廉政文化理念和文化實踐。要修煉道德操守，提升從政道德境界，最好的途徑就是加強學習，讀書修德，並知行合一，付諸實踐。廣大黨員幹部要養成多讀書、讀好書的習慣，使讀書學習成為改造思想、加強修養的重要途徑，成為淨化靈魂、培養高尚情操的有效手段。要真正把讀書當成一種生活態度、一種工作責任、一種精神追求、一種境界要求，使一切有益的知識、一切廉潔的文化入腦入心，沉澱在我們的血液裏，融會到我們的從政行為中，做到修身慎行，懷德自重，敦方正直，清廉自守，拒腐蝕、永不沾，永葆共產黨員的先進性。

【註釋】

[1] 見王安石《洪範傳》。王安石（1021—1086），撫州臨川（今江西撫州）人。北宋政治家、文學家、思想家。

[2] 參見《論語·為政》。原文是："為政以德，譬如北辰，居其所而眾星共之。"

[3] 見王晫《今世說》。王晫（1636—？），錢塘（今浙江杭州）人。清代文學家。

[4] 見諸葛亮《便宜十六策》。諸葛亮（181—234），琅邪陽都（今山東沂南南）人。三國時期蜀漢大臣、政治家。

激濁揚清正字當頭

（二〇〇六年二月二十日）

清代思想家顧炎武[1] 在《與公肅甥書》中說："誠欲正朝廷以正百官，當以激濁揚清為第一要義。" 這就是說，要興國安邦正百官，要穩社固稷澤百姓，就必須懲惡揚善，扶正祛邪，弘揚正氣。文官不愛錢，武官不惜命，國家才有希望，社稷才能穩固。

當前，我們正處於體制轉軌、社會轉型的重要歷史時期，社會利益關係更為複雜。在各種利益衝突和矛盾面前，黨員幹部就應坦蕩做人，一心為民，視民為根，具有"利歸天下，譽屬黎民"的淡泊情懷，努力造福一方、平安一域。黨員幹部如果失去律己之心，隨波逐流，趨利媚俗，放縱自己，就會混淆是非，走上邪路，使國家陷入"政怠宦成，人亡政息"的歷史周期律。所以，我們一定要始終保持先進性，以"富貴不能淫，貧賤不能移，威武不能屈"[2] 的大丈夫氣節，做到身在順境而不驕縱，身處逆境而不失志，寵辱不驚，處變不亂，扎實工作。

"子率以正，孰敢不正。"[3] 黨員領導幹部正字當頭，發揮示範引導作用，才能在全社會進一步形成褒揚正氣、貶抑邪氣，尊崇廉潔、鄙棄腐化的良好社會氛圍。

【註釋】

[1] 顧炎武（1613—1682），江蘇昆山人。明清之際思想家、學者。

[2] 見《孟子·滕文公下》。

[3] 參見《論語·顏淵》。原文是："子帥以正，孰敢不正？"

敬業樂業為美德

（二〇〇六年二月二十二日）

敬業是一種美德，樂業是一種境界。朱熹[1]說："敬業者，專心致志以事其業也。"[2]對待本職工作，應常懷敬畏之心，專心、守職、盡責，幹一行、愛一行、鑽一行，盡心竭力、全身心地投入。要精其術，不拘泥於以往的經驗，不照搬別人的做法，力求做得更好，成為本行業的行家裏手。人生不滿百年，做的也就是那麼些事。做一件事情，幹一項工作，應該創造一流，力爭優秀。要竭其力，對待事業要有愚公移山的意志，有老黃牛吃苦耐勞的精神，著眼於大局，立足於小事，真抓實幹，務求實效，努力在平凡的崗位上做出不平凡的業績。要樂其業，對工作有熱情、激情，始終保持良好的精神狀態，把承受挫折、克服困難當作是對自己人生的挑戰和考驗，在克服困難、解決問題中提升能力和水平，在履行職責中實現自身的價值，在對事業的執著追求中享受工作帶來的愉悅和樂趣。

【註釋】

[1] 朱熹（1130—1200），祖籍徽州婺源（今屬江西），生於南劍州尤溪（今屬福建），僑寓建陽（今屬福建）。南宋哲學家、教育家。

[2] 見朱熹《儀禮經傳通解》卷十六。

樂在人和

（二〇〇六年二月二十四日）

　　祈盼和順、崇尚和美、追求和諧，是中華民族的優良傳統和高尚品德。古往今來，"人和"理念一直都為有識之士奉為圭臬。諸如"天時不如地利，地利不如人和"[1]，"願同堯舜意，所樂在人和"[2]，等等，這些詩詞、俗語，都充分體現了"人和"之德、"人和"之貴、"人和"之樂。

　　我們所說的"人和"，包括了和諧、和睦、和善、祥和等含義，蘊涵著和以處眾、和衷共濟、和諧和美、政通人和等深刻的處世哲學和人生理念。實踐反覆證明，團結就是力量，人和才能政通。同志之間、上下級之間以及部門之間以"人和"為樂，以團結為貴，以協作為重，是事業成功的關鍵。機關的黨員幹部，更需講團結、顧大局，正確對待自己和別人，與人為善，常懷善念，廣結善緣。當然，工作和生活中也難免產生一些意見、隔閡、矛盾，對原則問題應當理直氣壯地堅持正確立場，但在具體生活中許多矛盾都不是因原則問題而引發的，對此則應講風格，講胸懷，不去斤斤計較，多想著人家的好處，互相尊重、互相支持，在相互配合中加深了解，在合作共事中增進團結，努力營造一心一意幹工作、盡心竭力謀發展的良好氛圍。

【註釋】

[1] 見《孟子·公孫丑下》。

[2] 見唐代白居易《太平樂詞》二首之一。

做人做事要力戒浮躁

（二〇〇六年二月二十七日）

古人云："心浮則氣必躁，氣躁則神難凝。"這說的是做人不踏實，做事不扎實，志大才疏，急功近利。領導幹部如果產生浮躁之氣，從淺層次看是一種情緒、一種心理狀態，從深層次看，則是為官從政的一種不良作風。浮躁禍國殃民，貽害無窮，必須戒此頑疾。

"非淡泊無以明志，非寧靜無以致遠。"[1]力戒浮躁，最根本的是要堅守做人的操守和從政的道德，樹立正確的世界觀、人生觀、價值觀，樹立正確的權力觀、地位觀、利益觀，正確對待名利地位，正確看待進退留轉，淡泊處世，靜心思考，磨煉意志，砥礪志趣，耐得住寂寞，守得住清貧，"靜而後能安，安而後能慮，慮而後能得"[2]。能夠負重，方能擔當重任。力戒浮躁，還要大力倡導實幹精神，大興求真務實之風。工作靠實，事業靠幹。講實話是硬本事，幹實事是真功夫。我們每一位黨員幹部，都要把個人進步與黨的事業聯繫起來，腳踏實地、踏實工作，講真話、報實情，不誇誇其談、不脫離實際，扎扎實實幹出實績，實實在在讓群眾滿意。

【註釋】

[1] 見三國諸葛亮《誡子書》。

[2] 見《禮記・大學》。《大學》是中國儒家經典之一，著重論述個人道德修養與社會治亂的關係。原是《禮記》的一篇，宋代把它從《禮記》中獨立出來，同《論語》、《孟子》、《中庸》合稱為"四書"。

求知善讀，貴耳重目

（二〇〇六年三月一日）

在建設學習型社會、創新型社會中，領導幹部要做學習和實踐的表率，既要求知善讀，又要貴耳重目。

"吾生也有涯，而知也無涯"[1]。對學習的追求是無止境的，既需苦學，還應"善讀"。一方面，讀書要用"巧力"，讀得巧，讀得實，讀得深，懂得取捨，注重思考，不做書呆子，不讓有害信息填充我們的頭腦；另一方面，也不能把讀書看得太容易，不求甚解，囫圇吞棗，抓不住實質，把握不住精髓。

讀書客觀上是一個去粗取精、去偽存真的過程，必須聯繫實際、知行合一，通過理論的指導，利用知識的積累，來洞察客觀事物發展的規律。古人講"紙上得來終覺淺，絕知此事要躬行"[2]，"耳聞之不如目見之，目見之不如足踐之"[3] 等，說的就是這個道理。尤其是領導幹部作決策、下指示，往往需要大量客觀、真實、有效的信息。這就更需要向實踐求知，善讀社會這部書，進一步加強調查研究，問計於基層，問計於群眾，在耳聞、目見、足踐之中見微知著、管窺全豹，獲得真知灼見，形成正確思路，作出科學判斷。學之思之、聞之見之，領導幹部對一方的情況就有了話語權。

【註釋】

[1] 見《莊子‧養生主》。

[2] 見南宋陸游《冬夜讀書示子聿》。

[3] 見劉向《說苑‧政理》。劉向（約前 77 — 前 6），沛（今江蘇沛縣）人。西漢經學家、目錄學家、文學家。《說苑》分類纂輯了先秦至漢代史事和傳說，雜以議論，藉以闡明儒家的政治思想和倫理觀念。

勇攀科學發展高峰

（二〇〇六年三月三日）

　　當前，我們正面臨發展模式上的轉折，也就是由單純追求經濟增長轉變為謀求經濟社會的全面協調可持續發展，走上科學發展軌道。這是一個漸進、艱難的過程，用"坎理論"來描繪，就是要過關卡、上台階。這好比爬山越嶺，上了一定的高度就過了一個坎，然後又要面對另一個高度，過更高的坎。經濟社會的發展，何止一座山一道坎，恰如宋人楊萬里[1]詩云："莫言下嶺便無難，賺得行人錯喜歡。正入萬山圈子裏，一山放出一山攔。"[2]

　　現在，我們面臨的任務就是不畏艱難險阻，登上科學發展這座山。這是一座陡峻的山，風光旖旎但又險象環生。一路上，我們還要帶著沉重的行李裝備，要帶著武器防野獸，要吃飯喝水補充能量，要扶老攜幼照顧弱者，甚至連廢棄物也不能隨便亂扔。而且要衝之地、平坦之徑均已為人所據，同別人相比，我們路更險，行更艱。因為要開闢前人所未走之路；因為不僅需保持健康，而且要變得更為強壯；因為我們已經落後，趕超別人就要與時間賽跑。此時，山越陡，路越險，情況越複雜，就越能磨煉我們的意志，提升我們的能力和水平。我們只有披荊斬棘，踏盡崎嶇，在萬山中奔走，在群峰中奮進，才能勇攀科學發展高峰。

【註釋】

[1] 楊萬里（1127—1206），吉水（今屬江西）人。南宋詩人。

[2] 見南宋楊萬里《過松源晨炊漆公店》六首其五。

從“兩隻手”看深化改革

（二〇〇六年三月十七日）

　　改革開放以來，浙江率先初步建立並不斷完善調動千百萬人積極性的市場經濟體制，在繁榮民營經濟、壯大國有經濟、促進社會結構轉型方面都取得了很大成就。有人說，浙江經濟就是老百姓經濟，但是老百姓經濟並不是說黨委、政府是無所作為的，恰恰是黨委、政府尊重群眾的首創精神，穩步推進了市場取向的改革，使浙江的市場化程度走在了全國前列。深化市場取向的改革，關鍵是要處理好政府與市場的關係，即“看得見的手”與“看不見的手”這“兩隻手”之間的關係。在計劃經濟體制下起作用的只有政府這一隻手，所以在改革初期重點是突出市場這隻手，發揮市場配置資源的基礎性作用。隨著改革的不斷深入，要切實轉換政府這隻手的職能，把政府職能切實轉換到“經濟調節、市場監管、社會管理、公共服務”上來，努力建設服務型政府、法治政府，發揮好、規範好、協調好這“兩隻手”的關係。改革逐步推進到一定的時候，“兩隻手”應該是這樣的關係：比如，在經濟社會協調上，市場這隻手更多地調節經濟，政府這隻手則強化社會管理和公共服務的職能；在經濟運行上，市場這隻手調節微觀領域的經濟活動，政府這隻手用來制定遊戲規則、進行宏觀調控；在公平與效率上，市場這隻手激活效率，政府這隻手則更

多地關注公平;在城鄉發展上,城市的發展更多地依靠市場這隻
手的作用,農村的發展則由政府這隻手承擔更多的職能。當然,
這是需要一個過程的,但必須沿著這個方向,不斷深化改革。

從“兩隻鳥”看結構調整

（二〇〇六年三月二十日）

　　改革開放以來，浙江的工業化從低門檻的家庭工業、輕小工業起步，能夠發展到現在的規模水平，實屬不易。但是，它也有結構層次比較低、經營方式比較粗放的先天不足，有先天不足就必然導致成長中的煩惱。特別是這些年，隨著經濟總量的不斷擴大，面臨著資源要素的制約、生態環境的壓力、內外市場的約束。所以，必須從科學發展觀的要求出發，推進經濟結構的戰略性調整和增長方式的根本性轉變。這方面的工作十分繁重，概括起來主要就是兩項內容，打個通俗的比喻，就是要養好“兩隻鳥”：一個是“鳳凰涅槃”，另一個是“騰籠換鳥”。所謂“鳳凰涅槃”，就是要拿出壯士斷腕的勇氣，擺脫對粗放型增長的依賴，大力提高自主創新能力，建設科技強省和品牌大省，以信息化帶動工業化，打造先進製造業基地，發展現代服務業，變製造為創造，變貼牌為創牌，實現產業和企業的浴火重生、脫胎換骨。所謂“騰籠換鳥”，就是要拿出浙江人勇闖天下的氣概，跳出浙江發展浙江，按照統籌區域發展的要求，積極參與全國的區域合作和交流，為浙江的產業高度化騰出發展空間；並把“走出去”與“引進來”結合起來，引進優質的外資和內資，促進產業結構的調整，彌補產業鏈的短項，對接國際市場，從而培育和引進吃得少、產蛋多、飛得高的"俊鳥"。實現"鳳凰涅槃"和"騰籠換鳥",是產業高度化發展的客觀趨勢和必然選擇。這種對更高境界的不懈追求,也是"浙江精神"在新時期的生動體現。

從 "兩座山" 看生態環境

（二〇〇六年三月二十三日）

我們追求人與自然的和諧、經濟與社會的和諧，通俗地講，就是要 "兩座山"：既要金山銀山，又要綠水青山。這 "兩座山" 之間是有矛盾的，但又可以辯證統一。可以說，在實踐中對這 "兩座山" 之間關係的認識經過了三個階段：第一個階段是用綠水青山去換金山銀山，不考慮或者很少考慮環境的承載能力，一味索取資源。第二個階段是既要金山銀山，但是也要保住綠水青山，這時候經濟發展與資源匱乏、環境惡化之間的矛盾開始凸顯出來，人們意識到環境是我們生存發展的根本，要留得青山在，才能有柴燒。第三個階段是認識到綠水青山可以源源不斷地帶來金山銀山，綠水青山本身就是金山銀山，我們種的常青樹就是搖錢樹，生態優勢變成經濟優勢，形成了一種渾然一體、和諧統一的關係。這一階段是一種更高的境界，體現了科學發展觀的要求，體現了發展循環經濟、建設資源節約型和環境友好型社會的理念。以上這三個階段，是經濟增長方式轉變的過程，是發展觀念不斷進步的過程，也是人與自然關係不斷調整、趨向和諧的過程。把這 "兩座山" 的道理延伸到統籌城鄉和區域的協調發展上，還啟示我們，工業化不是到處都辦工業，應當是宜工則工，宜農則農，宜開發則開發，宜保護則保護。這 "兩座山" 要作為一種發展理念、一種生態文化，體現到城鄉、區域的協調發展中，體現出不同地方發展導向的不同、生產力佈局的不同、政績考核的不同、財政政策的不同。

從“兩種人”看“三農”問題

（二〇〇六年三月二十七日）

　　“三農”問題的本質是農民問題。由於城鄉二元的體制結構，國民分成了兩種身份，一是城市居民，一是農民。城鄉差別是客觀存在的，但城鄉二元成為一種體制，就人為地造成了農民與市民的身份差別。這種體制是歷史造成的，有歷史的合理性，突破這個體制目前還有很大的難度，不可能一蹴而就。要從根本上解決這個問題，不可能把所有的農民都搬到城裏來，讓農民都變成市民，而必須按照胡錦濤總書記提出的“兩個趨勢”[1]的重要論斷，在加快工業化、城市化，減少農民的同時，統籌城鄉發展，通過建設社會主義新農村，把公共資源的投入由城市為主更多地向農村傾斜，把傳統農業改造建設為具有持久市場競爭力，能持續致富農民的高效生態農業，把傳統的村落改造為讓農民也能過上現代文明生活的農村新社區，把傳統的農民改造為適應生產分工發展要求的高素質的新型農民，推進農村的經濟、政治、文化和社會“四位一體”的建設，實現“生產發展、生活寬裕、鄉風文明、村容整潔、管理民主”，讓農民共享發展成果，共享現代文明。通過這樣一個全方位的發展和變革，逐步消除農民與市民在實質上的差別和身份上的巨大落差，而只是社會職業分工的不同。這是我們努力的方向，也是最終一定能夠實現的目標。當然，無論發展到什麼程度，城鄉始終是有差別的，有些方面如交通信息等城市會優於農村，有些方面如生態環境等農村又會優於城市，但終極的目標應當是，雖有城鄉之別，而少城鄉之差。

【註釋】

[1] 參見本書《務必執政為民重"三農"》註1。原文為"兩個趨向"。

重中之重是 "三農"

（二〇〇六年四月十二日）

　　解決好 "三農" 問題是全黨工作的重中之重。建設社會主義新農村，就是落實 "重中之重" 要求的理論歸宿和實踐選擇。我們一定要全面準確地學習領會這一重大命題的深刻含義，把 "重中之重" 的要求真正落實在思想上、行動上、措施上。具體地說，就是要在謀劃發展戰略上，把建設新農村作為重中之重；在工作部署上，把推進新農村建設作為重中之重；在深化改革上，把建立有利於新農村建設的體制機制作為重中之重；在政府財力安排上，把支持新農村建設作為重中之重；在生產要素配置上，把引導勞動、知識、技術、管理和資本流向新農村建設作為重中之重；在組織領導上，把加強和改進黨對新農村建設的領導作為重中之重；在政績考核上，把建設新農村的成效作為衡量幹部政績的重中之重。

以發展強村

（二〇〇六年四月十四日）

農業、農村和農民問題是一個有機整體，解決"三農"問題必須立足於農業這個基礎、農村這個主戰場、農民這個核心，促進農業農村的發展。科學發展觀強調的首先是發展，新農村建設作為落實科學發展觀的重大舉措，就是要抓住發展不放鬆，圍繞發展做文章，加快發展見成效。眾所周知，在工業化、市場化、城市化的進程中，農業佔國民經濟的比重會有所下降，這是經濟發展的一般規律。但是不能以為工業和服務業越發展，農業就越成為一種萎縮的產業。必須清楚地認識到，雖然農業增加值佔國內生產總值的比重下降了，但是農業在國民經濟體系中的地位和作用沒有下降，農業本身會得到更快更好的發展，農業生產力會得到更大的解放，農民的利益會得到更好的實現，這也是經濟發展的一般規律，而且是社會發展的一般規律。農業是安天下穩人心的產業，始終是國民經濟的基礎。糧食生產任何時候都不能放鬆，解決吃飯問題始終要靠農業；農業生產性收入是農民收入的重要組成部分，農民增收仍然可以依靠農業，使農民通過經營農業來增收。我們一定要立足於我省基本實現全面小康的大局，認清經濟社會發展的內在規律和農業農村發展的必然要求，把以發展強村作為新農村建設的第一要務，用現代發展理念指導農業，

抓住當前科技進步、產業重組、生產要素轉移加快的機遇，建立
現代生產要素流向農業、現代生產方式改造農業的有效機制，著
力轉變農業增長方式，促進農業與工業、農業與服務業的融合，
不斷提高農業的產業化、國際化、現代化水平。

靠建設美村

（二〇〇六年四月十九日）

在傳統的農業社會，農村是大多數人生活、繁衍的居所。在許多詩人的筆下，農村有著恬靜詩意的田園風光，故而使哲學家發出"人，詩意地棲息在大地上"[1]的感慨。而在人類進入工業社會以來，有相當一個時期，農村環境遭到了破壞，農村建設被人們所忽視，這種破壞和忽視最終阻礙了經濟社會的發展，使人們付出了很大代價。許多國家在現代化進程中都遭遇到了這個問題，是否能很好地解決這個問題，也成為檢驗一個國家最終能否實現現代化的重要標誌。今天，我們黨作出建設社會主義新農村的重大決策，同樣把村容村貌的改變作為一個重要內容。這一歷史性任務，有著豐富的內涵和鮮明的特色。具體來說，就是要堅持以人為本，遵循客觀規律，尊重農民意願，推進包括整治村莊環境、完善配套設施、節約使用資源、改善公共服務、提高農民素質、方便農民生產生活在內的各項建設，加快傳統農村社區向現代農村社區轉變。既要把新社區建設與城市化建設統籌起來，又要防止盲目照抄照搬城鎮小區建設模式，防止搞不切實際的大拆大建，防止搞勞民傷財的形象工程，防止貪大求洋，導致農村傳統文化的失落。近幾年，我省通過實施"千村示範、萬村整治"等一系列工程，已經為此打下了較好的基礎，積累了較多的經驗。下一步，我們還要深入推進農村社區設施、環境、文化、教育、衛生、福利、管理等方面建設，努力形成佈局合理、環境整潔、生態文明、服務健全、文化豐富、管理民主、生活舒適的農村新社區，為廣大農民建設更加美好的新家園。

【註釋】

[1] 出自德國詩人荷爾德林（Friedrich Holderlin，1770—1843）詩作《在明媚的天色下》。德國哲學家、存在主義主要代表之一的海德格爾（Martin Heidegger，1889—1976）對此進行了闡發。

抓反哺富村

（二〇〇六年四月二十一日）

"三農"工作必須遵循"兩個趨勢"的轉換規律，形成"以工促農、以城帶鄉"的工作機制。新農村建設之所以"新"，很大程度上就在於跳出了就農村抓農村，就農業抓農業的思路，提出了以反哺富村、以反哺強農、以反哺利民的新思路。我們常說：無農不穩，無工不富。現代工業和服務業具有比農業高得多的生產率，創造了大部分的社會財富，這是一個不爭的事實。但是工業、服務業的"富"要建立在農業農村"穩"的基礎上，只有農業農村穩步致富，工業、服務業的發展才能持續致富。隨著社會主義新農村建設的全面展開和深入推進，關於反哺的思想和方針已經深入人心，日益成為各級黨委、政府和廣大幹部群眾的普遍共識。在工作實踐中，要注重把握反哺的具體形式，針對不同的地區和對象提供不同的反哺方式，努力提高反哺的效益。要注重把握反哺的互動過程，反哺不是一個單向的過程，本身也是有利於加快工業、服務業發展的，不能把反哺單純地看做是一種施捨，而要把它作為一個共贏的事業來做。只要農村經濟能夠持續發展，農民收入能夠持續增長，我們就不愁發展空間。所以，建設社會主義新農村絕不僅僅是為了農業、農村發展和農民富裕，而是關係到國家長治久安和民族偉大復興的重大戰略部署。這是一著"活棋",這步棋走好了,就能夠帶動內需和消費。要注重把握反哺的重點領域,特別要突出反哺農村的社會事業和欠發達地區的農村,通過重點突破,全面推動,使新農村建設的陽光普照浙江農村大地,使新農村建設的政策普惠浙江廣大農民。

促改革活村

（二〇〇六年四月二十四日）

　　浙江是全國改革的先行地區，農村是浙江改革的先發領域。建設社會主義新農村，也要把改革作為推進各項工作的動力源泉，作為解決各類問題的主要途徑。近年來，我省在全國率先進行了農村稅費改革，取消了農業稅，這是減輕農民負擔的重要舉措，是對國民收入再分配格局進行的重大調整，也是新一輪農村改革的開局之棋。圍繞新農村建設的目標任務，農村綜合改革是一個涉及鄉鎮機構、縣鄉財政體制、戶籍管理、勞動就業、徵地制度、農村金融、教育衛生等在內的系統工程，是對工農之間、城鄉之間利益分配格局的全面調整和優化。可以說，農村綜合改革已經遠遠超出了農業農村的範圍，它的內容更加豐富，領域更加廣泛，過程也更加複雜。推進農村綜合改革，要著眼於城鄉一體化發展的新格局，努力構建促進"以工促農、以城帶鄉"的體制機制。要著眼於激發農村的發展活力，保障農民的經濟、政治、文化權益，充分發揮農民的積極性。要著眼於農村改革和其他改革的有機聯繫，以及農村綜合改革各項任務之間的內在統一，從整體上推進各項改革，為新農村建設提供不竭的動力。

講文明興村

（二〇〇六年四月二十六日）

　　建設社會主義新農村，人是最活躍的因素，最關鍵的內容，最基本的前提。新農村建設是一項全面的建設任務，不但要抓硬件，還要抓軟件；不但要有新農村，還要有新農民；不但要推進經濟建設，還要推進政治、文化和社會建設。其核心就是人，歸宿也都是人。美國農業經濟學家舒爾茨曾經提出一個著名論斷：現代化的過程是“人的經濟價值不斷提高的過程”。這句話的確切含義，是指在現代化的過程中，人通過創造更多的經濟價值提高了自身價值。借用這一理論，建設新農村也應該是農民的自身價值、自身素質不斷提高的過程。如果我們改變了農村的外在面貌，卻沒有改變農民的精神面貌，那麼新農村建設還是在低層次開展。只有在建設農村、發展農業的同時，用現代文明、先進理念武裝農民、提高農民，努力使農民成為具有新理念、新思想、新知識、新文化、新精神、新技能、新素質、新能力的新型農民，新農村建設才具有更加深遠的意義和更加長久的活力，才能取得真正的成效。鑒於此，我們要把“講文明興村”放到新農村建設的重要位置來抓，積極開展以“八榮八恥”[1] 為主要內容的社會主義榮辱觀教育，建立健全培訓農民、增強素質的長效機制，從而促進農村人口優勢向人力資本優勢轉變。

【註釋】

[1]　這是 2006 年 3 月 4 日胡錦濤參加全國政協十屆四次會議民盟、民進界委員聯
　　　組討論時講話提出的。主要內容是："堅持以熱愛祖國為榮，以危害祖國為恥；
　　　以服務人民為榮，以背離人民為恥；以崇尚科學為榮，以愚昧無知為恥；以辛
　　　勤勞動為榮，以好逸惡勞為恥；以團結互助為榮，以損人利己為恥；以誠實守
　　　信為榮，以見利忘義為恥；以遵紀守法為榮，以違法亂紀為恥；以艱苦奮鬥為
　　　榮，以驕奢淫逸為恥。"

建法治安村

（二〇〇六年四月二十八日）

　　農村穩才能天下穩。我國著名社會學家費孝通[1] 先生在《鄉土中國》一書中提出，傳統的中國農村是靠推行“禮治秩序”來進行治理、實現穩定的。這種以傳統倫理綱常為主要內容的“禮治秩序”在我國農村維持了幾千年，至今還在一定程度上影響著農民的思想和行為。如今的中國農村，已經發生了翻天覆地的變化，農民的生產生活方式和思想觀念有了很大的進步。在建設社會主義新農村的新形勢下，要實現農村的和諧穩定和長治久安，就必須繼續加強思想道德建設，深入開展以“八榮八恥”為主要內容的社會主義榮辱觀教育，用社會主義先進文化教育人、引導人、激勵人。同時，堅持德治與法治並舉，建立一種符合農村經濟社會發展要求的“法治秩序”。就我省來說，在近兩年“平安浙江”的創建中，突出抓了農村基層方面的工作，推動了農村法治建設。在建設新農村的過程中，我們要結合推進“平安浙江”和“法治浙江”建設，健全黨組織領導的充滿活力的村民自治機制，完善全方位的普法教育體系，進一步提高農村群眾的法制觀念和法律素質，進一步提高農村社會管理的法治化水平，以此為新農村建設各項任務的落實提供良好的法治保障。

【註釋】

[1] 費孝通（1910—2005），江蘇吳江人。中國社會學家、人類學家和社會活動家。曾任全國人大常委會副委員長、全國政協副主席。

強班子帶村

（二〇〇六年四月三十日）

　　村級黨組織是黨在農村全部工作的基礎。在推進社會主義新農村建設的過程中，要選準配強村級黨支部班子，切實把那些政治素質好、品德作風正派、處事公正公平、勇於創新、能帶領農民群眾增收致富的能人選進班子，培養一大批優秀的農村基層幹部。這既是增強農村基層組織、發揮戰鬥堡壘作用的基礎，也是推進社會主義新農村建設的關鍵。強班子必須貫徹到認識上，抓好正在開展的農村保持共產黨員先進性教育活動，努力提高農村基層幹部對上對下高度負責的精神和強烈的責任感。強班子必須體現到精神上，大力弘揚與時俱進的浙江精神，充分發揮基層幹部的能動性和創造性，引導基層幹部愛民樹風範、甘於作奉獻。強班子必須落實到能力上，在建設新農村的實踐中不斷增強帶領群眾發展經濟、增收致富的本領，立足村情，發揮優勢，大膽探索，加快發展。

"四位一體"的辯證統一

（二〇〇六年五月八日）

建設"法治浙江"與黨的十六大以來省委作出的深入實施"八八戰略"、全面建設"平安浙江"、加快建設文化大省、加強黨的執政能力建設和先進性建設等重大決策部署，有機構成了我省經濟、政治、文化和社會建設"四位一體"的總體佈局。在這個總體佈局中，深入實施"八八戰略"是落實科學發展觀的總抓手，全面建設"平安浙江"是構建和諧社會的主要載體，加快建設文化大省是發展社會主義先進文化的重要舉措，努力建設"法治浙江"是發展社會主義民主政治的有效途徑，加強黨的執政能力建設和先進性建設為此提供根本保證。它們之間是內在統一、有機聯繫、相輔相成、不可分割的。這"四位一體"的辯證統一，體現了歷史和邏輯的一致性，反映了馬克思主義認識論的基本原理和事物發展的客觀規律；體現了"你中有我、我中有你"的互動性，每一個方面既具有質的規定性和各自豐富的內涵，同時又相互聯繫、相互依存、相互作用；體現了科學發展和普遍聯繫的整體性，以辯證的思維、從全局的高度、按統籌的方法，謀劃了各個方面的工作，使之統一於建設中國特色社會主義在浙江的實踐。

法治：新形勢的新要求

（二〇〇六年五月十日）

　　當前，我省正站在“十一五”發展的新起點上，進入了全面建設小康社會的攻堅階段，加快社會主義現代化建設的關鍵時期。這是經濟發展的騰飛期、增長方式的轉變期、各項改革的攻堅期、開放水平的提升期、社會結構的轉型期和社會矛盾的凸顯期。社會主義先進生產力的發展和市場經濟體制的不斷完善，對生產關係和上層建築的調整提出了新的要求。社會主義民主政治的不斷發展和人民政治參與積極性的不斷提高，對進一步落實依法治國基本方略提出了新的要求。改革的深化和各種利益關係的不斷調整，對從法律和制度上統籌兼顧各方面利益提出了新的要求。社會結構和社會組織形式發生的深刻變化，對正確處理人民內部矛盾、依法加強社會建設和管理提出了新的要求。人們思想活動的獨立性、選擇性、多變性、差異性的增強，對強化馬克思主義在意識形態領域的指導地位、樹立社會主義法治理念和社會主義榮辱觀提出了新的要求。所有這一切，都對黨的執政能力特別是堅持科學執政、民主執政、依法執政提出了新的要求。在這樣的新形勢、新要求下，必須按照建設社會主義法治國家的要求，積極建設“法治浙江”，逐步把經濟、政治、文化和社會生活納入法治軌道。

市場經濟必然是法治經濟

（二〇〇六年五月十二日）

　　市場經濟的高效率就在於價值規律、競爭規律、供求規律的作用，但發揮市場經濟固有規律的作用和維護公平競爭、等價交換、誠實守信的市場經濟基本法則，需要法治上的保障。如果不從法律上確認經濟實體的法人資格，企業就不能成為真正的市場競爭主體。如果缺乏維護市場秩序的法治保障，市場行為就會失當，市場信息就會失真，公平競爭就會失序。如果缺乏對不正當市場行為進行懲防的法治體系，守信者利益得不到保護，違法行為得不到懲治，市場經濟就不能建立起來。從這一意義上說，市場經濟就是法治經濟。推進法治建設的一個重要動因，就是要反映和堅持社會主義先進生產力的發展要求，堅持為社會主義市場經濟服務，堅持平等、自由、正義、效率等社會主義市場經濟內在價值的追求。我省要在完善社會主義市場經濟體制上走在前列，首先就要在法治建設上走在前列，更多地運用法律手段來調節經濟、實施監管，加強對知識產權的保護，提高自主創新能力，反對不正當競爭，維護市場秩序，保證社會主義市場經濟的健康發展。

和諧社會本質上是法治社會

（二〇〇六年五月十五日）

　　和諧社會是秩序良好的社會，它要求社會依照既定的規則有序運行，反對無序化和無序狀態。實現社會和諧有賴於人們對法律的信仰和遵循。只有把社會生活的基本方面納入法治的調整範圍，經濟、政治、文化和諧發展與社會全面進步才有切實的保障，整個社會才能成為一個和諧的社會。社會主義和諧社會的"六大特徵"都具有法治的屬性，"民主法治"是公共權力與公民權利的和諧，"公平正義"是社會規則與個人能力的和諧，"誠信友愛"是人與人之間關係的和諧，"充滿活力"是社會成員的積極性、創造性與經濟社會發展的和諧，"安定有序"是公民的行為方式與社會秩序的和諧，"人與自然和諧相處"是生產、生活、生態良性互動的和諧。在推進和諧社會建設中，無論是人與社會的和諧關係、人與人的和諧關係、人與自然的和諧關係，還是公共權力與個人權利的和諧關係，都必然會表現為一定的法律關係。從這一意義上說，和諧社會本質上是法治社會。同時，法治也為社會和諧提供重要保證。法治通過調節社會各種利益關係來維護和實現公平正義，法治為人們之間的誠信友愛創造良好的社會環境，法治為激發社會活力創造條件，法治為維護社會安定有序提供保障，法治為人與自然的和諧提供制度支持。

弘揚法治精神，形成法治風尚

（二〇〇六年五月十七日）

普及公民法制教育、形成全社會法治風尚，對建設“法治浙江”具有全局性、先導性、基礎性、決定性的作用。法治精神是法治的靈魂。人們沒有法治精神、社會沒有法治風尚，法治只能是無本之木、無根之花、無源之水。古人所說“國皆有法，而無使法必行之法”[1]，講的就是這個道理。其實，使法必行之法就是法治精神。從客觀上說，法治也並不體現於普通民眾對法律條文有多麼深透的了解，而在於努力把法治精神、法治意識、法治觀念熔鑄到人們的頭腦之中，體現於人們的日常行為之中。這包括培養人們的理性精神、誠信守法的精神、尊重法律權威的精神、權利與義務對稱的精神、依法維權和依法解決糾紛的習慣等等。正如盧梭所說，“規章只不過是穹隆頂上的拱樑，而唯有慢慢誕生的風尚才最後構成那個穹隆頂上的不可動搖的拱心石”[2]。法律當中“最重要的一種”就是這種風尚，它既不是銘刻在大理石上，也不是銘刻在銅表上，而是銘刻在公民們的內心裏。

【註釋】

[1] 見《商君書·畫策》。《商君書》是戰國中、後期商鞅及其後學的代表作，是研究商鞅一派法律思想的主要依據。商鞅（約前 390—前 338），衛國人。戰國中

期政治家、思想家，法家學派的主要代表人物。曾主持秦國變法，對舊的奴隸制進行了比較徹底的改革，確立了新的封建制，使秦國迅速富強起來，史稱“商鞅變法”。

[2] 見盧梭《社會契約論》。

堅持法治與德治並舉

（二〇〇六年五月十九日）

　　道德是法治的基石。法律只有以道德為支撐，才有廣泛的社會基礎而成為維繫良治的良法。法律與道德，歷來是建立公序良俗、和諧穩定社會的兩個保障。法治與德治，如車之雙輪、鳥之兩翼，一個靠國家機器的強制和威嚴，一個靠人們的內心信念和社會輿論，各自起著不可替代而相輔相成、相得益彰的作用，其目的都是要達到調節社會關係、維護社會穩定的作用，保障社會的健康和正常運行。從一定意義上說，依法治國是維護社會秩序的剛性手段，以德治國是維護社會秩序的柔性手段，只有把兩者有機地結合起來，才能有效地維護社會的和諧，保障社會健康協調地發展。建設"法治浙江"，必須把握法治與德治的互補性、兼容性和一致性，堅持一手抓法治建設，一手抓道德建設，把法律制裁的強制力量與道德教育的感化力量緊密地結合起來，把硬性的律令與柔性的規範有機地融合在一起，把樹立社會主義法治理念與樹立社會主義榮辱觀結合起來。要把樹立社會主義榮辱觀貫穿於"法治浙江"建設的全過程，教育和引導廣大黨員幹部和人民群眾知榮辨恥、揚榮抑恥、近榮遠恥，明榮恥之分、做當榮之事、拒為恥之行，在全社會形成明德守法的良好風尚。

黨的領導是法治的根本保證

（二〇〇六年五月二十二日）

　　法治建設體現黨科學執政、民主執政、依法執政的要求。法治建設絕不是要削弱黨的領導，而是要從理念上更好地強化黨的意識、執政意識、政權意識，從制度上、法律上保證黨的執政地位，通過改善黨的領導來更有效地堅持黨的領導、加強黨的領導，通過完善黨的執政方式來更有效地提高黨的執政能力、保持黨的先進性。建設“法治浙江”，必須旗幟鮮明地堅持黨的領導，在黨的領導下發展社會主義民主、建設社會主義法治，把黨依法執政的過程作為實現人民當家做主和實行依法治國的過程，作為鞏固黨的執政地位的過程，作為建設社會主義政治文明的過程，把加強黨的政治、思想和組織領導貫穿於“法治浙江”建設的全過程。

講黨性、強責任、樹正氣、守紀律

（二〇〇六年五月二十四日）

今明兩年，從鄉鎮到省各級將開展集中換屆工作。換屆是對領導幹部黨性觀念和組織觀念的一次重大考驗。各級領導幹部必須講黨性、強責任、樹正氣、守紀律，做到在整個換屆過程中思想不散、秩序不亂、工作不斷。講黨性，就是要正確對待進退留轉。一名黨員無論在什麼崗位，無論從事什麼工作，都是為黨的執政服務，為人民服務，必須講奉獻、講覺悟、講大局、講境界，正確對待個人的名利權位和個人的進退留轉，自覺服從組織安排。強責任，就是要恪盡職守做好工作。以對黨和人民事業高度負責的態度，把心思和精力集中到抓好自己的分管工作上，盡職盡責地做好各項工作。樹正氣，就是要堅決反對庸俗作風。要堅持組織原則，正確對待組織；堅持敬賢舉賢，正確對待同志；堅持光明磊落，正確對待自己；堅持公道正派，正確對待"選票"。守紀律，就是要經受考驗、克己自律。要認真學習貫徹黨章，自覺實踐"八榮八恥"的榮辱觀，嚴格遵守換屆工作中的組織人事紀律，不託人情，不打招呼，不拉庸俗關係，不傳播小道消息，努力形成風清氣正的良好環境。

"浙商文化"是浙商之魂

（二〇〇六年六月十六日）

　　浙商是在社會主義市場經濟的大潮中誕生並壯大起來的創業者和企業家群體。長期以來，浙商不僅創造了大量的物質財富，也形成了一種獨特的"浙商文化"。從文化淵源上看，"浙商文化"傳承於浙江深厚的文化底蘊。從實踐基礎看，"浙商文化"形成於廣大浙商的創造性實踐，是支撐浙商開拓進取的精神動力。浙商的新飛躍，需要"浙商文化"的支撐。

　　隨著我省民營經濟的不斷發展壯大，"浙商文化"在企業和社會發展中的作用更加突出。在新的發展階段，要認真總結、提煉、培育"浙商文化"，大力弘揚"求真務實、誠信和諧、開放圖強"的價值取向。通過理念的確立、行為的規範，通過浙商爭做"科學發展的實踐者、和諧社會的建設者、改革創新的先行者"這樣的具體行動，努力打造出體現社會主義和諧社會和社會主義先進文化要求、體現社會主義榮辱觀要求、體現與時俱進浙江精神的"浙商文化"，使"浙商文化"成為發展先進生產力的重要力量，成為民營經濟實現新飛躍的重要支撐。

選商引資要做“合”字文章

（二〇〇六年六月十九日）

改革開放以來，浙江走出了一條以自我積累為主的內源式發展道路。應該說，內源式的發展同開放型的發展並不對立。這幾年，我省多次強調要“選商引資”，而不是單純的招商引資，就是為了統籌本土經濟和外資經濟發展，使之相互補充、相互促進。具體來說，選商引資要做好“融合”、“結合”與“和合”三篇文章。從宏觀上看，要解決好本土經濟與外部經濟特別是國際經濟的“融合”問題。把引資作為一個“引子”，以此來引進與外資“捆綁”在一起的先進的技術、管理、制度、理念、人才，開拓更高層次、更加廣闊的國際市場，從而提升浙江企業和產業的檔次。無數事實表明，一個地區經濟長久的活力和競爭力總是來自於同外部經濟的互動，來自於同國際經濟的融合。我們的產業、產品層次要向上走，必須藉助於外力。從微觀上看，要解決好民營經濟與外資經濟的“結合”問題。“結合”的意思就是“以民引外、民外合璧”。要發揮浙江民營企業的優勢，在管理、技術、制度、市場、文化等各個方面找準與引進企業的結合點，以人之長，補己之短，特別是將傳統、支柱產業與世界龍頭企業進行嫁接。同時還要利用外部力量積極開展自主創新，通過引進、消化、吸收，切實提高自主創新能力。從長遠來看，要努力形成

一種 “和合” 的文化氛圍。要實現新的發展，必須尊重外來的先進文化和觀念，特別是尊重外來人才，形成一種按法治規則辦事的社會氛圍，一種大氣開放的創業環境，一種多元和合的價值取向，一種大開大合的都市文化。

要善於抓典型

（二〇〇六年七月二十日）

榜樣的力量是無窮的。善於抓典型，讓典型引路和發揮示範作用，歷來是我們黨重要的工作方法。實踐證明，抓什麼樣的典型，就能體現什麼樣的導向，就會收到什麼樣的效果。

新時期要抓什麼樣的典型？有的認為，要抓致富"能人"類的典型；有的認為，要抓行業"新人"類的典型；有的認為，要抓發展的"帶頭人"、群眾的"貼心人"、政策的"傳播人"這樣的典型。無疑，這些典型都是我們所要倡導的，都是人們應該學習的。抓典型，更具意義的是要樹立精神上的榜樣，讓人們學習典型所體現的精神，讓典型身上的精神發揚光大。這種精神體現在黨員幹部身上，就是要努力踐行"三個代表"重要思想，全心全意為人民服務；堅持立黨為公、執政為民，做到權為民所用、情為民所繫、利為民所謀；具有時代性，代表先進性，體現群眾性。

鄭九萬[1]同志就是新時期體現共產黨員先進性的一個好典型。他的事跡雖然很平凡，但平凡之中見偉大，細微之處見精神。他的事跡，是幾十年如一日扎扎實實幹出來的，是來自於群眾、得到群眾認同的，是可親、可敬、可學的典型。

浙江不乏通過誠實勞動而致富的典型，也不乏勤勞致富後反哺家鄉、回饋社會、帶動大家共同富裕的典型，這類典型我們要大力宣傳。但浙江也有欠發達地區，像鄭九萬那樣在艱苦環境中幾十年如一日兢兢業業為黨工作、為民效力的典型，我們更要大力宣傳。我們就是要以鄭九萬同志這樣的先進典型來教育人、引導人、帶動人，使人人學先進、趕先進、當先進，使共產黨員的先進性體現在各條戰線，體現在各項具體工作之中。

【註釋】

[1] 鄭九萬，1951 年生，浙江永嘉縣人。1984 年加入中國共產黨。1986 年當選為永嘉縣山坑鄉後九降村黨支部書記後，十幾年如一日，一心一意為村民辦實事，在平凡的工作崗位上，做出了不平凡的業績。2005 年 10 月，為村裏的發展操勞過度，突發腦溢血，後經搶救生還。他被中共浙江省委授予"為民好書記"榮譽稱號，並當選為"全國優秀共產黨員"。

困境之中見精神

（二〇〇六年七月二十一日）

　　毛澤東同志曾說過："什麼叫工作，工作就是鬥爭。那些地方有困難、有問題，需要我們去解決。我們是為著解決困難去工作、去鬥爭的。越是困難的地方越是要去，這才是好同志。"[1]鄭九萬就是這樣的好同志。他的先進事跡昭示我們，越是在相對貧困的地區、越是在困難的地方、越是在矛盾和問題凸顯的時候，越是需要各級領導幹部和共產黨員艱苦奮鬥、身先士卒，始終與人民群眾同甘苦、共命運，保持血肉聯繫。俗語說，共患難易，同享樂難。現在一些地方條件改善了，有一些同志就"辦公講豪華，坐車講高檔，吃住講排場"，對工作環境"挑三揀四"，對工作崗位"挑肥揀瘦"，雖然獲得了不小的成績，但失去的是民心。這也啟示我們，要學會辯證、動態、全面地看一個人：看一個人的精神，不僅要看他在順境時的狀態，也要看他在逆境中的意志；看一個人的能力，不僅要看他在順境基礎上的表現，也要看他在困境中的作為；看一個幹部的政績，不僅要看他的工作業績，也要看他的工作態度，不僅要看他這一任留下什麼局面，也要看他當初是在什麼樣的基礎和條件下創造這一局面的。

　　在我們的事業中，黨和國家賦予每個人不同的崗位，條件不一、職責不同。但我們的責任都是一樣的，最起碼的就是都要有為黨、為國、為民作奉獻的精神。我們就是要發揚“螺絲釘精神”，在現實基礎上點燃自己最亮麗的火光，“撥亮一盞燈，照紅一大片”，在本職崗位上奏響人生最優美的樂章。

【註釋】

[1] 見毛澤東《關於重慶談判》(《毛澤東選集》第 4 卷，人民出版社 1991 年版，第 1161 頁)。

一切為民者，則民嚮往之

（二〇〇六年七月二十四日）

一個偏僻的小村莊，因為他們的支部書記生病了，一天之內村民自發籌集了數萬元手術費為他治病，村民們說"就是討飯了也要救他"。當地就有一些幹部不由地發出了"假如我病倒了，會有多少村民來救我"這樣的感慨！鄭九萬所做的一切都體現在了村民的回報上，是老百姓心中那桿秤稱出了一名基層黨員幹部的分量。他以自己的實際行動，深刻揭示了"老百姓在幹部心中的分量有多重、幹部在老百姓心中的分量就有多重"的豐富內涵。這就是我們樹立鄭九萬這個先進典型的意義所在。

古人說："一切為民者，則民嚮往之。"可以說，鄭九萬這種"精神"體現的就是黨的為民宗旨，鄭九萬這個"典型"體現的就是共產黨員的先進性，鄭九萬這個"現象"體現的就是人心向背的問題。

"鄭九萬現象"說明，一個黨員幹部只要心裏裝著群眾，真心實意地為人民群眾做好事、辦實事、解難事，人民群眾就惦記他、信任他、支持他；同樣地，一個政黨，只有順民意、得民心、為民謀利，才能得到人民群眾的擁護和支持，才能永遠立於不敗之地。作為執政黨，黨員幹部與人民群眾的關係就是公僕與主人的關係。離開了人民，我們將一無所有、一事無成；背離了人民的利益，我們這些公僕就會被歷史所淘汰。所以，共產黨人一定要堅持權為民所用、情為民所繫、利為民所謀，真正為人民掌好權、執好政。

要善於學典型

（二〇〇六年七月二十六日）

　　子曰："三人行，必有我師焉。"[1] 學習知識是一種學問，學習他人是一種美德。向別人學習，不同的人有不同的看法：仁厚的人看到別人的長處，挑剔的人看到別人的短處；謙虛的人學別人的長處修煉自己，自大的人藉別人的短處膨脹自己；樂觀的人學習別人而激勵自己，悲觀的人自慚形穢而放縱自己。歸根結底，向別人學習的多寡、深淺、得失，取決於個人的學習態度和學習角度。這一點，向普通人學習如是，向先進典型學習亦如是。

　　現在有些人認為，向先進典型學習，往往學不到高深的知識學問，學不到賺錢的本事，學不到工作的能力，總之沒什麼好學的。這種話似乎有道理，卻實在是沒道理。向先進典型學習，可學者多矣！最關鍵的是要學精神、學品質、學方法。比如，學習焦裕祿，就要學習他勤政為民、艱苦奮鬥的創業精神；學習牛玉儒[2]，就要學習他廉潔奉公、清正無私的革命本色；學習鄭九萬，就要學習他"心裏裝著群眾，凡事想著群眾，工作依靠群眾，一切為了群眾"的為民情懷；學習義烏發展經驗，就要學習義烏人民從實際出發、創造性實踐的經驗。

　　"學所以益才也，礪所以致刃也"[3]。我們就是要善於向先進典型學習，在一點一滴中完善自己，從小事小節上修煉自己，以自己的實際行動學習先進、保持先進、趕超先進。

【註釋】

[1] 見《論語‧述而》。

[2] 牛玉儒（1952—2004），內蒙古自治區通遼市人。在內蒙古自治區先後擔任過包頭市市長、自治區副主席和呼和浩特市委書記，解放思想，忘我工作，勤政為民，鞠躬盡瘁，直至生命的最後一息。2004年8月因病去世。

[3] 見西漢劉向《說苑‧建本》。

建設新農村要體現科學發展理念

（二〇〇六年九月六日）

建設社會主義新農村是在農村貫徹落實科學發展觀的生動實踐。必須始終以科學發展觀為指導，堅持以人為本、科學發展，順應農民群眾迫切要求改善生產、生活、生態條件的強烈願望，堅持以農民群眾為主體，充分發揮黨政主導、規劃先導、投入利導、政策指導、改革引導的作用，在工作決策、建設內容、推進機制和工作方法上都注重體現科學性。實施"千村示範、萬村整治"工程作為建設新農村的重要組成部分，要按照統籌城鄉規劃建設和統籌經濟社會發展的思路和方法來推進，以村莊整治和示範村建設為切入點，把改善村容村貌與發展生產結合起來，把村莊規劃建設與農村基礎設施建設、社會事業建設、公共服務體系建設結合起來，以農民思想教育、農村民主政治建設和基層黨組織建設來推動工程建設，全面體現社會主義新農村建設的精神實質和科學內涵。

建設新農村要體現因地制宜原則

（二〇〇六年九月八日）

　　建設社會主義新農村必須堅持因地制宜、分類指導，以點帶面、典型示範，民主決策、規範運作。實施“千村示範、萬村整治”工程正是因地制宜的必然選擇。浙江“三農”工作基礎較好，建設新農村必然要高標準，必須要“走在前列”，在近期要與浙江提前基本實現全面小康社會的目標相適應，在遠期也要與浙江現代化建設水平相適應。不僅在生產上要不斷提高農村經濟的發展水平，而且在生活上也要不斷為農民群眾創造良好的條件；不僅要在全國的比較中體現浙江的特色與發展水平，而且在省內不同的地方也要體現各自的特色與發展水平。浙江的農村村莊確實有條件並應該體現實際的發展水平，這不僅是新農村建設本身的重要內涵，是浙江發展階段的需要，也是廣大農民群眾提高生活質量的要求。從這個意義上說，實施“千村示範、萬村整治”工程，確實是我省推進社會主義新農村建設的龍頭工程。

從規劃開始強化特色

（二○○六年九月十一日）

　　科學規劃是建設社會主義新農村的基礎，特別是規劃還決定著農村新社區發展的方向和建設的水準。建設應該講成本，規劃必須高要求。規劃設計要由有資質的單位來做，各類規劃不能降低水平、降格以求，更不能胡亂規劃、草率規劃。新農村建設的具體規劃，要按照統籌城鄉發展的思路，對推進新型城市化和建設新農村進行統籌安排，對城市發展建設規劃和新農村建設規劃進行統籌考慮，特別是要充分體現出農村社區的區域特點、文化特徵，形成特色、注重品位、突出魅力。從大的方面來說，建設新農村要注意發達地區與欠發達地區不一樣，山區、平原、丘陵、沿海、島嶼不一樣，城郊型與純農業村莊也不一樣。從小的方面來說，也要注意圍繞特色做文章，杜絕盲目攀比，反對貪大求洋，防止照搬照抄，避免千村一面，從而讓更多的村莊成為充滿生機活力和特色魅力的富麗村莊，充分體現浙江新農村建設走在前列的水平，體現江南魚米之鄉、山水浙江的風采特色，體現豐厚傳統民俗文化與現代文明有機融合的農村新社區水準，走出一條各具特色的整治美村、富民強村的路子。

越是艱苦環境，越能磨煉幹部品質

（二○○六年九月十三日）

孟子[1]說："天將降大任於斯人也，必先苦其心志，勞其筋骨，餓其體膚，空乏其身，行拂亂其所為，所以動心忍性，增益其所不能。"[2]韓非子[3]也說過："宰相必起於州部，猛將必發於卒伍。"[4]古往今來，將才良相大都經歷過艱苦環境的磨煉。越是艱苦的環境，越能磨煉幹部的品質，考驗幹部的毅力。欠發達地區、工作複雜的地方、挑戰性強和困難較多的領域是培養幹部的一個重要部位，也是選人用人應關注的地方。哪一個幹部能在這些地方和廣大幹部群眾同甘共苦，團結奮鬥，做出成績，不辜負組織的重託，就應該受到稱讚，他的思想政治素質和業務素質也會不斷地得到提高。貪圖安逸、不願意到這些地方工作的幹部，或者即使去了也講價錢、鬧情緒、不安心工作的幹部，不是黨和人民所需要的幹部。

【註釋】

[1] 孟子（約前 372—前 289），名軻，字子輿，鄒（今山東鄒城東南）人。戰國時期哲學家、思想家、教育家。他主張 "天人合一"，提出人性本善的理論，將道德規範概括為仁、義、禮、智四德。繼承和發展了孔子的 "仁" 和德治思想，提出 "民貴君輕"。

[2] 參見《孟子·告子下》。原文是："天將降大任於斯人也，必先苦其心志，勞其筋骨，餓其體膚，空乏其身，行拂亂其所為，所以動心忍性，曾益其所不能。"

[3] 韓非子，即韓非（約前 280—前 233），戰國末期法家學說的集大成者和法家學派的主要代表。他的著作收集在《韓非子》一書中。

[4] 見《韓非子·顯學》。

破解經濟發展和環境保護的 “兩難” 悖論

（二〇〇六年九月十五日）

　　經濟發展和環境保護是傳統發展模式中的一對 “兩難” 矛盾，是相互依存、對立統一的關係。在環境經濟學中， “環境庫茲涅茨曲線理論” 認為，在經濟發展的初級階段，隨著人均收入的增加，環境污染由低趨高；到達某個臨界點（拐點）後，隨著人均收入的進一步增加，環境污染又由高趨低，環境得到改善和恢復。對於我省欠發達地區來說，優勢是 “綠水青山” 尚在，劣勢是 “金山銀山” 不足，自覺地認識和把握 “環境庫茲涅茨曲線理論” ，促進拐點早日到來，具有特殊的意義。但是，要特別防止這樣一種誤區：似乎只要等到拐點來了，人均收入或財富的增長就自然有助於改善環境質量，因而對環境污染和生態破壞問題採取無所作為的消極態度。顯然，這種錯誤認識將使我們不得不重蹈 “先污染後治理” 或 “邊污染邊治理” 的覆轍，最終將使 “綠水青山” 和 “金山銀山” 都落空。欠發達地區只有以科學發展觀為統領，貫徹落實好環保優先政策，走科技先導型、資源節約型、環境友好型的發展之路，才能實現由 “環境換取增長” 向 “環境優化增長” 的轉變，由經濟發展與環境保護的 “兩難” 向兩者協調發展的 “雙贏” 的轉變；才能真正做到經濟建設與生態建設同步推進，產業競爭力與環境競爭力一起提升，物質文明與生態文明共同發展；才能既培育好“金山銀山”，成為我省新的經濟增長點，又保護好“綠水青山”，在生態建設方面為全省作貢獻。

社會發展是構建和諧社會的關鍵

(二〇〇六年十月九日)

在中國特色社會主義建設"四位一體"的總體佈局中，構建和諧社會屬於社會建設和社會發展的範疇。從"四位一體"的相互關係來看，一方面，以人的全面發展為中心的社會發展、社會進步是經濟發展的最終目的；另一方面，在全面建設小康社會的過程中，社會發展本身就是經濟發展的內源性因素和有機組成部分。發達國家的經驗表明，經濟越是發展，創造財富的手段就越是依賴於教育、科技、文化、衞生、體育、環保等社會事業的發展，財富的表現形式就越是體現於知識產權、品牌、價值觀等社會資本的積累，最終也都體現於人的發展。因此，在我國全面建設小康社會階段乃至更長遠的歷史時期，社會發展將被放在更加重要的位置。從省委的戰略部署來看，"八八戰略"中涉及大量的社會發展內容，而建設"平安浙江"、加快建設文化大省、建設"法治浙江"，更是無一不與社會發展問題密切相關。我們深化"平安浙江"建設，推進構建和諧社會，主要著力點還是要圍繞社會和人的全面發展，加強社會建設和管理，大力發展社會事業，促進社會全面進步。

基層矛盾要用基層民主的辦法來解決

（二〇〇六年十月十一日）

　　毛澤東同志在《關於正確處理人民內部矛盾的問題》中提出過一個重要論斷："用民主方法解決人民內部矛盾。" 這一重要論斷對於我們今天考察基層民主與社會和諧的關係仍然具有重要的指導意義。基層既是產生社會矛盾的 "源頭"，同時也是疏導各種矛盾的 "茬口"。當前基層產生的社會矛盾，無論其表現形式多麼複雜多樣，就其性質而言絕大多數還是表現為人民的內部矛盾。基層矛盾要用基層民主的辦法來解決，這一重要原則一定要把握好。從這個意義上說，推進基層民主建設是實現政治穩定、社會和諧的重要保證，基層民主越健全，社會就越和諧。基層組織和基層幹部要提高構建社會主義和諧社會的能力，就要大力提高通過民主方法來解決基層矛盾的能力，自覺加強民主作風的修養，不斷創新領導方式和工作方式，綜合採用政治、經濟、行政、法律和民主協商等多種手段，提高將矛盾化解在基層、消滅在萌芽狀態、控制在局部的能力。

科學發展首先要安全發展

（二〇〇六年十月十三日）

　　安全發展作為一個重要理念已經納入了我國社會主義現代化建設的總體戰略。胡錦濤同志強調指出："我們的發展不能以犧牲精神文明為代價，不能以犧牲生態環境為代價，更不能以犧牲人的生命為代價。" 這就非常明確地告訴我們：科學發展首先要安全發展，"以人為本" 首先要以人的生命為本，安全發展就是尊重生命、關愛生命。任何以犧牲人的生命和健康為代價的所謂 "發展"，都是不健康、不道德、不和諧的，也都不是真正的發展。我省中小企業數量眾多，點多面廣，安全發展面臨較大壓力，一定要把貫徹安全發展理念，真正擺到經濟社會發展的重要戰略位置上來。我們的一切發展都必須以安全為基礎、前提和保障，務必做到各領域、各行業、各經營單位的發展，都建立在安全保障能力不斷增強、安全生產狀況持續改善、勞動者生命安全和身體健康得到切實保障的基礎上，做到安全生產與經濟社會發展水平基本相適應，實現安全保障下的可持續發展。應當通過各領域的共同努力，讓廣大生產者在安全條件下生產，讓廣大消費者在安全服務中消費，讓廣大群眾在安全感中生活，讓我們的社會真正實現科學發展、和諧發展、安全發展。

換屆考驗領導幹部的黨性

（二〇〇六年十月二十日）

　　當前，我們正在開展自下而上的黨委集中換屆工作。換屆工作中必然涉及許多領導幹部的進退留轉，這是對領導幹部黨性觀念和責任意識的一次重要考驗，也是對先進性教育活動成效的一次實際檢驗。共產黨員的先進性體現在哪裏？領導幹部的黨性體現在哪裏？在換屆這件大事上最集中的體現就是：領導幹部要能正確對待個人進退留轉，不管職務怎麼變動，都能夠坦然面對，思想上不浮動、精神上不萎靡、工作上不鬆勁。

　　對“進”的同志來說，要做到朝氣蓬勃，在更高層次的領導崗位上開拓進取，幹出一番新成就，不辜負黨和人民的期望；對“退”的同志來說，要做到心情愉快，服從大局，把黨的事業的接力棒傳遞到年輕同志手中，並善始善終地做好本職工作；對“留”的同志來說，要做到安心靜氣，發揚成績，克服缺點，進一步解放思想，扎實工作，在新階段開創新局面；對“轉”的同志來說，要做到奮發進取，樹立為人民服務不分地域不分崗位的觀念，在新環境中滿腔熱情地工作，在新崗位上幹出新成績。

敢於負責、善於負責

（二〇〇六年十月二十四日）

　　支持、保護、重用敢抓敢幹、敢於負責、善於負責的領導幹部；批評、教育、處理不敢負責、不願負責甚至失職瀆職的幹部，這是我們的一貫立場和做法。

　　敢於負責，是領導幹部必備的精神狀態。古人就說"為官避事平生恥"[1]，還說"任其職，盡其責；在其位，謀其政"[2]。領導幹部重任之下，必須能負重才能擔當。負重就要敢於負責。敢於負責，就要求我們的領導幹部大膽工作，以敢抓敢管、盡職盡責、奮發有為為榮，以不負責任、不求有功、但求無過為恥，堅決克服事事求安求穩、時時患得患失、處處畏首畏尾的消極心態，不怕擔風險、不怕擔責任、不怕得罪人、不怕遭非議，遇到問題不迴避，遇到困難不躲避，遇到風險不逃避，而是敢於迎難而上，勇於承擔責任，善於總結教訓、糾正錯誤。

　　領導幹部有了敢於負責的膽量和氣魄，固然可嘉。但是，要做到真正意義上的負責，還需要有善於負責的本領。善於負責，必須掌握科學的思想方法和工作方法。領導幹部要能負責、會負責、負好責，做到權責對等，不盲目負責、不胡亂負責，處理矛盾和問題要講究策略，有勇有謀、有膽有識、有理有利有節。

【註釋】

[1] 參見曾國藩《治心經·誠心篇》。原文是："以苟活為羞，以避事為恥。" 曾國藩（1811—1872），湖南湘鄉白楊坪（今屬雙峰）人。清末洋務派和湘軍首領。

[2] 參見《論語·泰伯》。原文是："不在其位，不謀其政。"

堅持對上負責與對下負責的一致性

（二〇〇六年十月二十六日）

所謂對上負責，就是對上級領導機關負責；所謂對下負責，就是對人民群眾負責。對各級領導幹部來說，對上負責與對下負責從來都是統一的、不可分割的，對黨負責，就是對人民負責；對人民負責，就是對黨負責。兩者統一於對黨和人民事業的高度負責之中，其本質就在於立黨為公、執政為民。只有在工作中始終堅持對上負責與對下負責的一致性，才能真正盡到職、負好責。

領導幹部堅持對上負責與對下負責的統一，從思想方法上來說，就是要堅持理論聯繫實際，吃透上情，摸清下情，正確處理宏觀與微觀、普遍與特殊、一般與個別等關係。如果在貫徹落實上級精神時，在體現基層和群眾的願望時，只是依樣畫葫蘆，不善於上下結合，其結果必然是貌似"負責"，實乃敷衍塞責。從工作目標上來說，就是要堅持"權為民所用、情為民所繫、利為民所謀"，始終從實現和維護最廣大人民的根本利益出發，認識到我們的一切權力來自人民，我們的一切工作都是為了人民，對上負責、對下負責最終都是要體現對人民負責。從工作實踐上來說，就是要堅決貫徹執行上級的決策部署，在正確領會上級精神的前提下，深入實際調查研究，結合實際創造性地開展工作。

領導幹部既要做到恪盡職守，守土有責，矛盾不上交、責任不上推，又要做到關心、支持和幫助下級工作，多給一些指導，多挑一些擔子。領導幹部既不能因為要執行上級領導機關的政策指示，而在貫徹執行中照本宣科、生搬硬套，以會議貫徹會議、以文件落實文件；也不能以照顧當地和群眾的眼前利益為逃避和推卸責任的“擋箭牌”，搞地方保護主義，而對上級的正確政策和指示拒不執行。

"文化經濟"點亮浙江經濟

（二〇〇六年十月三十日）

　　所謂文化經濟是對文化經濟化和經濟文化化的統稱，其實質是文化與經濟的交融互動、融合發展。這是浙江改革發展中的一大特色和一大亮點。

　　古往今來，浙江人敏於挖掘文化傳統中的經濟元素和商業契機，善於向經濟活動中注入更多文化內涵，以文化的力量推動經濟發展。當代浙江人，善於用文化的內涵包裝和經營產品，各種文化節慶活動都注重經濟效益與社會效益的結合；善於藉文化的傳統打造和經營城市，保護和建設江南水鄉、文化名城；善於依託民俗文化傳統發展和壯大地方經濟，如寧波由"奉幫裁縫"發展出服裝產業，溫州因"其貨纖靡，其人善賈"[1]形成了皮鞋、低壓電器、打火機、眼鏡等特色產業群，義烏更是以小小的撥浪鼓"撥"出了一個全球最大的小商品市場等。

　　"文化經濟"的本質在於文化與經濟的融合發展，說到底要突出一個"人"字。因此，我們在推進"文化經濟"的發展中，要始終堅持以人為本，充分體現科學發展觀的要求。

【註釋】

[1] 參見程俱《北山集·席益差知溫州》。原文是："其貨纖靡，其人多賈。"程俱（1078—1144），衢州開化人。北宋文人。

"浙江人經濟" 拓展浙江經濟

（二〇〇六年十一月一日）

改革開放以來，浙江人做生意四海為家，堅信生意無地域、市場無疆界。於是乎，大江南北，五湖四海，到處活躍著新時代的浙江人。有人將這個現象稱為"浙江人經濟"。

與"浙江經濟"相比，"浙江人經濟"僅一字之差，但在內涵上卻有很大的差別。通俗地理解，"浙江經濟"是浙江省域範圍內浙江人和非浙江人創造的經濟總量，而"浙江人經濟"則是浙江人在浙江以及浙江以外任何地方創造的經濟總量。"浙江經濟"不是"浙江人經濟"，前者立足點在地域，是地區經濟的概念，是 GDP 概念；後者立足點是人，更多的是文化概念，是 GNP 概念。這表明了浙江的經濟發展模式不僅是富民強省的發展模式，而且也是能夠為全國乃至世界經濟做出重要貢獻的發展模式。

"浙江人經濟"何以成功？其秘訣之一，就在於不僅敢於走出去創業，更重要的是有誠信合作的團隊精神，能組成能量巨大的商團，可以實現"小商品大市場"的運作。既能夠單打獨鬥，又善於相互合作，這是浙江人的優秀品質，也是"浙江人經濟"得以形成和壯大的重要原因。當前浙江的發展正進入一個關鍵時期，既暴露出"先天的不足"，又遇到了"成長的煩惱"，迫切需要尋找新的出路，拓展新的空間。"浙江人經濟"啟示我們，浙江要在新的起點上實現又快又好的發展，既需要"立足浙江發展浙江"，又必須"跳出浙江發展浙江"，以在高基點上確保目前的發展不停步，將來的發展可持續。

問題就是時代的口號

（二〇〇六年十一月二十四日）

馬克思有一句名言，他指出：“問題就是公開的、無畏的、左右一切個人的時代聲音。問題就是時代的口號，是它表現自己精神狀態的最實際的呼聲。”[1] 眾所周知，每個時代總有屬於它自己的問題，只要科學地認識、準確地把握、正確地解決這些問題，就能夠把我們的社會不斷推向前進。

構建和諧社會就是一個解決這些時代問題的持續過程。我們國家發展的階段性特徵，決定了我們在和諧社會建設過程中面臨著許多與別的時代、別的國家所不同的社會問題。特別是現階段就業、社會保障、協調發展、收入分配、安全生產、社會治安等與群眾切身利益關係比較密切的問題還比較突出。這些問題就是我們這個時代的口號，就是時代的聲音，也就是我們構建和諧社會必須要逐步解決的問題。對這些時代問題，首先要從時代的高度、大局的高度去看待、去研究，科學分析當前在和諧社會建設中所面臨的問題和矛盾，分析成因，尋找對策，科學解決。只有立足於時代去解決特定的時代問題，才能推動這個時代的社會進步；只有立足於時代去傾聽這些特定的時代聲音，才能吹響促進社會和諧的時代號角。

【註釋】

[1] 見馬克思《集權問題本身以及有關 1842 年 5 月 17 日星期二〈萊茵報〉第 137 號附刊》（《馬克思恩格斯全集》第 40 卷，人民出版社 1982 年版，第 289—290 頁）。

防止不穩定因素成為 "慢性病"

（二〇〇六年十一月二十七日）

構建和諧社會，地方各級黨委、政府維護穩定的任務更重了，要求更高了。社會穩定是社會和諧的前提和基礎。只有在社會穩定的前提下，才能集中精力解決經濟社會發展中不和諧的問題。當前，我省社會形勢總體上是穩定的、和諧的，但是，不穩定、不確定、不安定的因素還不少，影響社會穩定和諧的矛盾和問題仍然存在。和諧社會不是沒有矛盾的社會，社會總是在解決矛盾中不斷前進的。維護社會穩定、構建和諧社會，就是一個不斷化解這些不穩定、不確定、不安定因素的過程，就是最大限度地減少不和諧因素、最大限度地增加和諧因素的過程。

各級領導班子和領導幹部，要善於從大局的高度來看待社會穩定問題，對一些不穩定因素，要有深邃敏銳的觀察能力、主動防範的思想準備和縝密細緻的工作預案，見之於早、抓之於實、求之於解，常研究，常排查，常督促，像進行經濟形勢分析那樣，經常分析社會穩定形勢，把過細的工作做到前面，防止不穩定因素演變成 "慢性病"，三天兩頭反覆發作，以致小事變成大事，個案變成群體性事件，局部問題變成影響一個地方的問題。要抓住苗頭，綜合分析，解剖病灶，對症下藥，切忌頭痛醫頭、腳痛醫腳，力求一針見血、一抓到底。這樣，才能抓出成效，解決問題，真正做到守土有責、守土有方、守土有效。

正確處理新形勢下的人民內部矛盾

（二〇〇六年十一月二十九日）

　　五十年前，毛主席寫過一篇很著名的文章，叫做《關於正確處理人民內部矛盾的問題》。他把解決人民內部矛盾的民主方法，具體化為一個公式，叫做“團結—批評—團結”。意思就是從團結的願望出發，經過批評或者鬥爭使矛盾得到解決，從而在新的基礎上達到新的團結，也就是我們通常所講的懲前毖後、治病救人。半個世紀過去了，偉人著作至今讀來，對我們正確處理人民內部矛盾、維護社會穩定仍然很有啟發意義。

　　人民內部矛盾是現階段影響社會穩定的主要因素。星移斗轉，時過境遷。與五十年前相比，目前，影響社會穩定的人民內部矛盾已經發生了很大的變化，主要表現為勞動就業、社會保障、收入分配、土地徵用、房屋拆遷等帶來的一系列社會問題。由於我國正處於經濟高速發展期和矛盾凸顯期，致使這些人民內部矛盾的表現形式更加多樣，覆蓋範圍更加廣泛，相互交織更加複雜，解決起來也更加困難。這就需要各級黨委、政府和領導幹部，著眼於新的形勢加強學習，深刻認識和把握新形勢下人民內部矛盾的特點、規律，探索解決矛盾的正確途徑和有效方法，不斷提高正確處理新形勢下人民內部矛盾的本領，努力避免因為決策失誤和工作不當引起群眾不滿，依法妥善處置群體性事件，防止局部性問題轉化為全局性問題、非對抗性矛盾轉化為對抗性矛盾，注重從源頭上減少人民內部矛盾的發生。

"政之所要，在乎民心"[1]。解決人民內部矛盾需要各級領導幹部牢固樹立群眾利益無小事的觀念，扎實轉變工作作風，多站在群眾的立場想一想，多做一些解疑釋惑的工作，多做一些得民心聚民氣的工作，珍惜民力民智，解決民困民難，維護民生民利，把群眾工作做實做細做好。同時，要暢通民意表達的渠道，引導群眾以理性、合法的方式表達訴求，不斷促進黨群幹群關係的和諧。

【註釋】

[1] 參見《管子·牧民》。原文是："政之所興，在順民心；政之所廢，在逆民心。"《管子》為西漢劉向編定，其中一些內容為戰國時期稷下學者託名管仲所作。管仲（？—前645），潁上（潁水之濱）人。春秋初期齊國政治家。

打牢基層維護社會穩定的第一線平台

（二〇〇六年十二月一日）

　　人是否健康主要從研究細胞開始，社會是否和諧穩定也要通過基層來觀察。隨著當前大量的“單位人”變成“社會人”，社會組織和單位對人口、場所、行業的傳統約束能力有所下降。這樣，基層的地位就更加凸顯出來，處在了前沿位置，成為維護社會和諧穩定的第一線平台。大量的信息在基層交流，多種思潮在基層激蕩，各種矛盾在基層彙集，甚至一些矛盾糾紛與衝突也在基層醞釀、爆發。可以說，基層既是產生利益衝突和社會矛盾的“源頭”，也是協調利益關係和疏導社會矛盾的“茬口”。

　　構建和諧社會，重心在基層。基層就是社會的細胞，是構建和諧社會的基礎。要建立健全基層輿情彙集分析機制，完善矛盾糾紛排查調處制度，綜合運用法律、政策、經濟、行政等手段和教育、協商、疏導等辦法，逐步築起基層這個維護社會穩定的第一道防線，使之更堅實、更穩固。這樣，社會和諧也就有了牢固的基礎，也就能夠通過強化對基層的服務和管理，來更好地協調利益關係，理順思想情緒，疏導社會矛盾，把各種不穩定因素化解在基層，解決在萌芽狀態。

不興偽事興務實

（二〇〇六年十二月四日）

古人曰："不受虛言，不聽浮術，不采華名，不興偽事。"[1] 這也可以說是求真務實的一個基本要求。務實之人，一般都是願聽真話、敢講真話、勇於負責、善抓落實之人。領導幹部就要做這樣的務實之人。

務實之於工作，就是要抓好各項任務的落實。在落實的認識上，要講求一個"深"字。落實要深入，認識先深化。要深刻認識到不抓落實，再美好的藍圖也不過是蓬萊仙境、空中樓閣，從而切實把抓落實的過程貫穿於踐職履責的始終。在落實的要求上，要講求一個"新"字。落實工作不能照抄照搬。要把上級精神與本地實際結合起來，把對上負責與對下負責結合起來，創造性地開展工作，努力在結合中出思路、出特色、出成效。在落實的步驟上，要講求一個"韌"字。要有一股韌勁，持之以恆抓落實，一項一項地督促，一件一件地落實，一年一年地見效。在落實的舉措上，要講求一個"實"字。"牡丹花好空入目，棗花雖小結實成。"[2] 為政之道，貴在實幹。求真務實，真抓實幹，才能真正幹出有益於黨和人民事業發展的實事，真正建立經得起歷史檢驗的實績。

【註釋】

[1] 見荀悅《申鑒·俗嫌》。荀悅（148—209），潁川潁陰（今河南許昌）人。東漢哲學家、史學家。

[2] 見《增廣賢文》。《增廣賢文》是中國古代的兒童啟蒙書，最晚成書於明代，由名言佳句和民間諺語、格言彙編而成。

抓落實如敲釘子

（二〇〇六年十二月六日）

　　抓落實是領導工作的一個基本環節，也是各級領導幹部的一項重要職責。決策部署作出以後，對廣大幹部特別是基層幹部來說，最重要的莫過於求真務實、狠抓落實。但在實際工作中也有的往往出現抓不具體、抓不到位、抓不出實效的情況。歸根結底，這是欠缺“真抓”的工作作風和“會抓”的本領方法。

　　抓落實就好比在牆上敲釘子：釘不到點上，釘子要打歪；釘到了點上，只釘一兩下，釘子會掉下來；釘個三四下，過不久釘子仍然會鬆動；只有連釘七八下，這顆釘子才能牢固。這就說明，抓落實首先要抓到點上、以點帶面。要盯住事關全局的重點工作，把力量凝聚到點上，著力解決涉及全局的突出問題，以點帶面，推動全局，避免“撒胡椒麵”式地這裏抓一下，那裏敲一點，淺嘗輒止、朝三暮四。其次，要一抓到底，常抓不懈。要一步一個腳印，步步為營，有板有眼，深入而持續地抓好落實，而不能滿足於會議開過了，文件發過了，嘴上講過了。同時，抓落實還要結合實際，因地制宜。這就好比敲釘子也不能光憑著一股蠻力，逢牆亂釘，碰到容易脫落或者開裂的牆面時，還要想辦法修補牆面，打好敲釘子的基礎。抓落實也要根據本地本單位的實際加以貫徹落實，而不是依葫蘆畫瓢、搞照搬照套。總之，抓落實，就要有"咬定青山不放鬆"[1]的韌勁、不達目的不罷休的狠勁，真正把各項工作落到實處、抓出實效。

【註釋】

[1] 見清代鄭燮《竹石》。

掌握正確的工作方法

（二〇〇六年十二月八日）

"工欲善其事，必先利其器"[1]。正確的方法是做好工作的重要保證。掌握了正確的工作方法，往往能收到事半功倍的效果。實際工作中，很多同志由於沒有掌握正確的方法，容易出現兩種傾向：一種是瞎子摸象，對工作沒有全面的把握；一種是紙上談兵，眼高而手低，遇到具體事情不知何處著手。不管是哪種情況，都不利於工作的開展和深入。

在構建和諧社會的進程中，正確的工作方法對廣大幹部顯得尤為重要。我們既要大處著眼，學習曹沖稱象，善於把本地區、本部門的工作這頭"象"，置於構建和諧社會全局這條"大船"上來定位和謀劃，提出前瞻性的工作思路；同時，又要小處著手，學習庖丁解牛，善於從具體的現象中把握客觀規律，以有效抓手之"無厚"，入關鍵環節之"有間"，拿出具體的工作措施，抓好落實，取得實效。這樣，我們就能夠較好地防止方法上的不當，遊刃有餘、有條不紊地推進工作。

【註釋】

[1] 見《論語·衛靈公》。

為政者需要學與思

（二〇〇六年十二月十一日）

為政者需要學與思，古人早有箴言。《論語》[1] 寫道，子夏曰：“仕而優則學，學而優則仕。”[2] 常人只重“學而優則仕”這後半句，並以此激勵自己刻苦讀書，希望來日出人頭地。為政者則要看重前半句，善學善思，善作善成，不斷提高自己、充實自己，增強為人民服務的本領。

《論語》還說，“學而不思則罔，思而不學則殆”[3]。現實中確實有些人既不學習也不思考，既罔於自己也殆於工作。有的對學習基本是浮光掠影、蜻蜓點水，不深入，沒思考，忙碌於會議、活動、應酬，熱切於“政績”、“形象”、“進步”，說起學習與思考則用“忙”字來做擋箭牌。其實，今日世界，一日千里，不學無從適應，不思無以應對。領導幹部要善於安排時間，提高工作效率，少一點酒酣耳熱，多一點伏案而思，做到“博學而篤志，切問而近思”[4]。要通過深入學習來明確遠大的人生志向，通過深思熟慮來制定科學的工作方案。《左傳》[5] 有云，“政如農功，日夜思之”[6]。古人還說“愛人如己”[7]。唯有善學善思，才能把為政如農功般精耕細作，日夜思之；把為民如愛己般殫精竭慮，日夜牽掛，幹出無愧於時代、無愧於社會、無愧於人民的業績。

【註釋】

[1] 參見本書《努力打造“信用浙江”》註 1。

[2] 見《論語‧子張》。

[3] 見《論語‧為政》。

[4] 同註 2。

[5] 《左傳》，又稱《春秋左氏傳》，相傳為左丘明作，中國儒家經典之一。與《公羊傳》、《穀梁傳》同為解釋《春秋》的“三傳”之一。左丘明（約前 556—約前 451），魯國人。春秋時期史學家。

[6] 見《左傳‧襄公二十五年》。

[7] 參見《墨子‧兼愛上》。原文是：“愛人若愛其身。”《墨子》是墨子及其弟子的著述，為墨家學派的創作總彙。

二〇〇七年

為民辦實事旨在為民

（二〇〇七年一月五日）

　　堅持以人為本，重民生、辦實事，解決人民群眾最關心、最直接、最現實的利益問題，滿足人民群眾最基本、最緊迫的需求，是構建和諧社會的一項重要基礎性工作。領導幹部應按照"認認真真察民情，誠誠懇懇聽民意，實實在在幫民富，兢兢業業保民安"的要求，深化認識，拓展方式，切實做好為民辦實事工作。

　　現實中確實有一些幹部，為民辦實事的工作熱情很高，但所辦的事倒不一定是群眾最需要、最歡迎、最能得實惠的。當然，這裏面有短期利益與長期利益、局部利益與全局利益等關係問題，但也確實存在沒有很好體現以人為本理念和正確政績觀的問題。領導幹部一年忙到頭，根本的宗旨就是為人民服務。完善和落實為民辦實事的長效機制就是忙到了點子上，為民辦實事對象是"民"，要把群眾的呼聲作為第一信號，問需於民、問計於民、問情於民，掌握民情、分析民意，民主決策、科學安排，落實好為民辦實事項目，做到讓人民群眾參與、讓人民群眾做主、讓人民群眾受益、讓人民群眾滿意，真正使群眾成為利益的主體。

為民辦實事重在辦事

（二〇〇七年一月六日）

　　要為民辦實事，先要想辦事，還要能辦事、辦成事。辦成事就要創造良好的條件。要落實領導責任，建立完善責任落實機制，使為民辦實事工作真正形成長效機制，使群眾日益增長的物質文化需求不斷得到滿足。要切實增加投入，按照建立服務型政府的要求，強化公共服務職能，完善公共財政制度，優化財政支出結構，加大公共財政投入和轉移支付的力度。

　　為民辦實事還要形成良好的氛圍，發動各方面都來關心、支持為民辦實事的工作。要調動廣大群眾的積極性和創造性，發揮廣大群眾的作用，使廣大群眾真正成為選擇的主體、利益的主體，有的事還要成為行動的主體和投入的主體。在市場經濟條件下，一些事可以不是由政府直接來辦，要從擴大就業、應對老齡化、調整經濟結構和轉變增長方式的角度，大力發展生活型服務業，辦好為群眾服務的組織或企業，為更多的群眾提供更好的服務。通過鼓勵和扶持發展社會組織為群眾解憂，實質上也是為黨委、政府分憂。同時，要積極鼓勵引導社會資金投入社會公益事業，參與實事項目建設，形成人人參與辦事、人人得到實惠的良好局面。

為民辦實事成於務實

（二〇〇七年一月七日）

　　堅持以人為本、執政為民，最終要落實在一件一件的實事之中。這些實事，既體現於推動經濟社會發展和惠及全社會的"大事"，也體現在與老百姓日常生活息息相關的家門口的"小事"。"群眾利益無小事"。抓好為民謀利的"小事"，必須要像抓"大事"那樣，把求真務實的精神貫徹到為民辦實事的具體工作之中。做好為民辦實事工作，關鍵在於用好的作風來辦好事，用實在的項目來辦實事。最實在的事就是要著力解決民生問題，特別是關心困難群體，多做、大做"雪中送炭"的事，多搞一些直接造福於民的"滿意工程"、"民心工程"，切實把老百姓家門口的事情辦好。實事必須實幹，要改進工作方法，轉變工作作風，腳踏實地、穩扎穩打，盡力而為、量力而行，決不喊空口號、搞花架子。實事還要見實效，最大的實效就是真正使廣大群眾得到實惠、感到幸福，產生良好的社會效益和人文效應。群眾最能體驗為民辦實事工作的成效，要讓群眾來評判為民辦實事工作的成效。總之，"樂民之樂者，民亦樂其樂；憂民之憂者，民亦憂其憂"[1]。我們把為民辦實事的工作做好了，群眾的幸福感就會提升，人民群眾與黨委、政府心相繫、情相連，構建和諧社會的基礎就會更加扎實。

【註釋】

[1] 見《孟子·梁惠王下》。

在學習中深化認識，在實踐中提升境界

（二〇〇七年一月八日）

科學發展觀是馬克思主義中國化的新成果，是我們黨對共產黨執政規律、社會主義建設規律和人類社會發展規律科學認識的又一次歷史性飛躍。落實科學發展觀的過程，是一個在實踐中不斷深化認識，再以深化認識來推動實踐的漸進的過程。這幾年來，我省把落實中央宏觀調控政策作為落實科學發展觀的具體實踐，這個實踐就充分體現了這樣的過程：一是注重當前，破題解難，就是在令行禁止、堅決執行的同時，運用“倒逼機制”，破解經濟運行中的一系列突出矛盾和問題，著力解決粗放經營等“先天的不足”和要素制約等“成長中的煩惱”。二是著眼長遠，抓“調”促“轉”，結合“八八戰略”的深入實施，加快經濟結構調整和增長方式轉變，構築科學發展的新平台。三是突出根本，以人為本，抓住落實科學發展觀的核心，按照構建社會主義和諧社會的要求，轉變思想觀念，激發群眾活力，切實把人的發展貫穿於經濟社會發展各項工作之中，回歸了經濟發展以社會發展為目的、社會發展以人的發展為中心的本義。這個過程，體現了經濟增長、社會進步和人的全面發展之間的辯證統一關係，涵蓋了科學發展觀關於經濟社會又好又快發展的關鍵內容。做好這三個方面的工作，我們對科學發展觀的認識和實踐就會進入到一個新的境界，經濟社會發展就能開創一個新的局面。

正確理解 "好" 與 "快"

（二〇〇七年一月十日）

由 "又快又好" 發展改為 "又好又快" 發展，充分體現了以科學理念促進科學發展。科學發展，一是科學，一是發展，一定要在 "好" 和 "快" 上做足文章。"又好又快" 這個有機統一體中，"好" 在 "快" 前，居第一位，處於主導地位；"快" 置 "好" 後，居第二位，處於從屬地位。所以，"又好又快"，首先就要 "好" 字當頭，注重優化結構，提高效益，節能降耗，減少排放。同時，還要好中求快，優中求進，在 "好" 的基礎上努力保持經濟平穩較快增長。在制定工作目標時，"好" 作為對經濟發展質量和效益的要求，主要貫穿於以節能降耗減排為代表的約束性指標中；"快" 作為對經濟發展速度的強調，則更多地體現在以 GDP 增長為代表的預期性指標上。在當前的條件下，要做到 "好" 比做到 "快" 難度更大。這就要求我們在制定和執行工作計劃時，必須進一步貫徹落實科學發展觀，不能片面追求 GDP 增長速度，要著重關注節能降耗減排等約束性指標，把結構調整、資源節約和環境保護放在更加突出的位置，更加注重發展的協調性、均衡性和可持續性，努力實現又好又快發展。

強本還須節用

（二〇〇七年一月十二日）

　　中華民族歷來講求勤儉持家，勤儉辦一切事情。古人云："強本而節用，則天不能貧。"[1] 意思是說，在廣開財路的基礎上，如果節用節流，那麼日子會越過越好。現在，經濟持續發展，財力得到改善，利潤實現增長，群眾收入提高。成績令人鼓舞，也容易讓人陶醉，甚至容易降低一些方面的要求。因此，杜絕鋪張浪費之風，重申勤儉節約之風，確是一記當予敲響的警鐘。

　　我們在"強本"上取得了明顯的成效。但也要清醒地認識到，"本"不僅在於我們所創造的財富，也在於自然界賦予我們的財富，這樣的"本"不是我們所能創造的。當前，制約經濟發展的資源、環境等因素比較突出，建設資源節約型和環境友好型社會的任務十分艱巨。我們應當繼續發揚艱苦奮鬥和勤儉節約的優良傳統，切實珍惜民力和財力，珍惜資源、環境，在"節用"上花大力氣。要樹立社會主義榮辱觀，旗幟鮮明地反對鋪張浪費和大手大腳，堅決反對奢靡享樂之風，大力弘揚勤儉節約之風，讓勤儉精神廣為弘揚，勤儉意識深入人心，勤儉行為化為自覺，真正使崇尚勤儉成為社會風尚。

【註釋】

[1] 見《荀子‧天論》。《荀子》為荀子所著,是先秦儒、墨、道諸家學派哲學思想
的總結和發展。荀子(約前 313—前 238),名況,趙國人。戰國末期哲學家、
思想家、教育家。認為"天行有常",提出"制天命而用之"的人定勝天思想和
性惡論等。

推進企業社會責任建設

（二〇〇七年一月十五日）

古人有語：“落其實思其樹，飲其流懷其源。”[1] 現代企業是社會的細胞，社會是孕育企業成長的母體。所以，企業在自身發展的同時，應該當好“企業公民”，飲水思源，回報社會，這是企業不可推卸的社會責任，也是構建和諧社會的重要內容。

大量事實證明，只有富有愛心的財富才是真正有意義的財富，只有積極承擔社會責任的企業才是最有競爭力和生命力的企業。重經濟效益、輕社會效益的企業，甚或只顧賺取利潤、不顧安全生產的企業，終究難以持續。可喜的是，在落實科學發展觀和構建和諧社會的今天，企業社會責任建設已越來越成為企業界乃至全社會的共識。

企業社會責任建設需要各方合力推進。政府要進一步強化企業約束機制，健全相關法律法規，完善誠信體系，落實監管職責，充分發揮稅收調節作用，使價格形成機制真正反映資源稀缺程度和付出的環境代價，引導企業切實承擔起社會責任。社會各界要做好企業社會責任的監督員，努力形成全方位的監督企業承擔社會責任的輿論環境。廣大企業要自律自重，樹立科學經營理念，理順內外部關係，爭做負責任的“企業公民”，使企業的發展壯大真正走上和諧健康的軌道。

【註釋】

[1] 參見庾信《徵調曲》六首之一。原文是："落其實者思其樹，飲其流者懷其源。"
　　庾信（513—581），南陽新野（今屬河南）人。北周文學家。

在慈善中積累道德

（二〇〇七年一月十七日）

古人有云："上善若水[1]，厚德載物[2]。"孟子有道："惻隱之心，仁之端也。"[3] 在中華民族的傳統文化中，歷來尊崇厚仁貴和、敦親重義，並將樂善好施、扶貧濟困奉為美德。季羨林[4]老先生說過，"慈善是道德的積累"。樹立慈善意識、參與慈善活動、發展慈善事業，是一種具有廣泛群眾性的道德實踐。無論是個人還是組織，無論是貧窮還是富裕，不管在什麼條件下，不管做了多少，只要關心、支持慈善事業，積極參與慈善活動，就開始了道德積累。這種道德積累，不僅有助於提高個人和組織的社會責任感及公眾形象，而且也有助於促進整個社會的公平、福利與和諧，有利於增強社會凝聚力和向心力，使社會主義榮辱觀在全社會得到更好的弘揚，切實提高全社會的道德水平和文明程度。

我們欣喜地看到，一大批企業家和先富起來的人成為慈善家或者積極參與到慈善事業當中。這些先富起來的人作為中國特色社會主義事業的建設者，是浙江發展慈善事業的重要力量。浙江的企業家特別是民營企業家，應以"兼濟天下"的精神，更加主動、勇敢地承擔起相應的社會責任和義務，積極加入到慈善事業中來，以自己的愛心和善行，提升自身的社會價值，以自己的實際行動扎實推進和諧社會建設。各類組織和各界人士積極加入到這一愛心事業中來，人人心懷慈善，人人參與慈善，我們的社會一定會更加文明、更加和諧。

【註釋】

[1] 見《老子》第八章。

[2] 見《周易·坤》。《周易》，亦稱《易經》，中國儒家重要經典之一。《周易》通過八卦形式（象徵天、地、雷、風、水、火、山、澤八種自然現象），推測自然和社會的變化，認為陰陽兩種勢力的相互作用是產生萬物的根源，提出"剛柔相推，變在其中矣"等富有樸素辯證法的觀點。

[3] 見《孟子·公孫丑上》。

[4] 季羨林（1911—2009），山東臨清人。一生致力於梵學、佛學、吐火羅文研究，並在中國文學、比較文學、文藝理論研究上頗多建樹。

要"和"才能"合"

（二〇〇七年一月十九日）

　　一個好的領導班子，要善於團結協作。大事講原則，小事講風格，遇事多通氣，多交心，多諒解，真正做到講團結、會團結。講團結不是不要原則，而恰恰是要坦誠相見，勇於直率地開展批評與自我批評。在一個班子裏就像是在同一條船上，開展工作就好比划船。大家同舟共濟，目標一致，心往一處想，力往一處使，形成了合力，這船就能往預定的目標快速前進。如果各有各的主張，各往各的方向划船，這船只能在原地打轉，不能前進半步。更有甚者，如果互相拆台，還會有翻船的危險。百年修得同船渡。班子裏的同志能聚到一起工作就是一種緣分，要珍惜在一起共事的時間，同心協力，幹出一番事業。班子的主要負責同志，是一"船"之長，要起好把舵抓總的作用，凝聚全"船"之力，使"船"沿著正確的航道前進。班子裏的其他成員要各司其職，相互配合，這樣"和"然後"合"，大家團結和諧，就能形成合力。

要“民主”，還要“集中”

（二〇〇七年一月二十二日）

　　毛澤東同志說：“在人民內部，不可以沒有自由，也不可以沒有紀律；不可以沒有民主，也不可以沒有集中。這種民主和集中的統一，自由和紀律的統一，就是我們的民主集中制。在這種制度下，人民享受著廣泛的民主和自由；同時又必須用社會主義的紀律約束自己。”[1] 民主集中制是黨的根本組織制度和領導制度，是我黨政治生活的基本原則，各級領導班子都要嚴格執行這一制度，建立保障團結和諧的制度和機制，增進黨的團結統一，以黨內民主帶動人民民主，以黨內和諧促進社會和諧。首先要講民主，切實保障黨員的民主權利，加強黨內民主建設，實行有效的民主監督。在民主的基礎上要講集中，堅持黨總攬全局、協調各方的原則，進一步完善黨的領導制度和工作制度，嚴格黨內生活，嚴肅黨的紀律，既保證領導班子高效運轉，又保證實行有效的監督，使領導班子保持和發揚團結一心幹事業、齊心協力謀發展、群策群力促和諧的良好局面，使領導班子能夠真正發揮好領導核心的作用。

【註釋】

[1] 見毛澤東《關於正確處理人民內部矛盾的問題》（《毛澤東文集》第 7 卷，人民出版社 1999 年版，第 209 頁）。

要"幹事",更要"乾淨"

（二〇〇七年一月二十四日）

　　領導幹部不僅要想幹事、肯幹事、敢幹事，還要會幹事、能幹事、幹成事，特別是對事業要始終保持奮發進取的精神狀態，不僅僅是上級推著幹、群眾推著幹，首先是自己要始終充滿激情、充滿幹勁，這樣去幹事業，才能更加主動、更加自覺。

　　特別是隨著市場經濟體制的完善和工作職能的轉變，"有為"和"無為"發生了一些變化，黨委、政府抓管理和服務的責任不是輕了，而是更加重了。這在我省這樣的市場經濟先發地區會表現得更加明顯一些。在這種情況下，領導幹部更要懷著強烈的責任感認真幹事，懷著如臨如履的心態保持乾淨。領導幹部手中握著權力，權力用得好可以用來幹大事，為人民謀利；用得不好就會被污水沾染，有時不知不覺之中就會陷入了"溫水效應"之中。這樣的教訓是十分深刻的。領導幹部一定要時刻保持清醒的頭腦，時刻注意自重、自省、自警、自勵，時刻注意自身的形象，乾乾淨淨地做人、踏踏實實地做事，真正做到為民、務實、清廉。領導幹部不僅自己要廉潔自律，主動接受黨組織和廣大幹部群眾的監督，而且還要負起黨風廉政建設的責任，指導推進教育、制度、監督並重的懲治和預防腐敗體系建設，形成良好的風氣，切實抓好反腐倡廉工作。

主僕關係不容顛倒

（二〇〇七年二月五日）

　　二十世紀八十年代初期，鄧小平同志就明確指出了搞特權的危害性。他說："當前，也還有一些幹部，不把自己看做是人民的公僕，而把自己看做是人民的主人，搞特權，特殊化，引起群眾的強烈不滿，損害黨的威信，如不堅決改正，勢必使我們的幹部隊伍發生腐化。"[1] 黨員領導幹部是人民的公僕，人民是領導幹部的主人。這個關係任何時候都不容顛倒。如果不把人民群眾當主人，不願躬身做"僕人"，那就不配當一名領導幹部。是否牢記主僕關係、踐行執政宗旨，是否做到心繫群眾、服務人民，是否恪守為民之責、履行為民之職，始終是我們黨加強作風建設的重要內容，是衡量一個領導幹部作風是否端正的試金石。

　　俗話說，"當官不為民做主，不如回家賣紅薯"。古人也常講，"聖人無常心，以百姓之心為心"[2]；"德莫高於愛民，行莫賤於害民"[3]。各級領導幹部要一切從人民的利益出發，站在人民群眾的立場上立身、處世、從政，真正做到權為民所用、情為民所繫、利為民所謀。要破除"官本位"思想，克服和糾正那種"當官做老爺"的封建習氣，始終堅持黨的根本宗旨和群眾工作路線，同人民群眾保持血肉聯繫，把智慧奉獻於人民、力量根植於人民、情感融解於人民，把解決民生問題放在一切工作的首位，盡心盡力地為群眾出主意、想辦法、謀利益。

【註釋】

[1] 見鄧小平《黨和國家領導制度的改革》（《鄧小平文選》第 2 卷，人民出版社 1994 年版，第 333 頁）。

[2] 參見《老子》第四十九章。原文是："聖人無常心，以百姓心為心。"

[3] 參見《晏子春秋·內篇》。原文是："意莫高於愛民，行莫厚於樂民。"《晏子春秋》，舊題春秋齊國晏嬰著，實為後人依託並採掇晏子言行而作。主旨是頌揚兼愛、非樂、節用、非厚葬久喪、非儒、明鬼等。晏子（？—前 500），即晏嬰，夷維（今山東高密）人。春秋時期齊國大夫。

做人與做官

（二〇〇七年二月七日）

俗話講，做官先做人，做人先立德；德乃官之本，為官先修德。還有，"百行以德為首"[1]，"修其心治其身，而後可以為政於天下"[2]等等，這些講的都是做人與做官、修身與立德的道理。古往今來，為官者"不患無位而患德之不修"[3]，"不患位之不尊，而患德之不崇"[4]。在歷史的長河中，那些帝國的崩潰、王朝的覆滅、執政黨的下台，無不與其當政者不立德、不修德、不踐德有關，無不與其當權者作風不正、腐敗盛行、喪失人心有關。

領導幹部也是一個普通的人，也是一個普通的百姓，要會做人，做好人，注意自己的言行舉止，珍惜自己的人格魅力，潔身自好，做一個有高尚品德的人。

領導幹部又不是一個普通的人，其一言一行對社會具有重要的導向作用。每一位領導幹部都要清醒地認識到這一點，時刻以"君子檢身，常若有過"[5]的謙誠態度，常修為政之德，常思貪慾之害，常懷律己之心，在實踐中把做人與做官統一起來，把學習與改造統一起來，把"立言"與"立行"統一起來，真正做到為民、務實、清廉，把做人的過程看做是完善自我人格、夯實從政基石的過程，把做官的過程看做是提升政德境界、踐行為民宗

旨的過程，就像毛主席當年號召共產黨員的那樣，把自己培養成
"一個高尚的人，一個純粹的人，一個有道德的人，一個脫離了
低級趣味的人，一個有益於人民的人"[6]。

【註釋】

[1] 見劉義慶《世說新語・賢媛》。劉義慶（403—444），彭城（今江蘇徐州）人。
    南朝宋文學家。

[2] 見北宋王安石《洪範傳》。

[3] 見羅隱《兩同書》。羅隱（833—910），新城（今浙江富陽新登鎮）人。唐代文
    學家。

[4] 見張衡《應間》。張衡（78—139），南陽西鄂（今河南南陽石橋鎮）人。東漢
    科學家、文學家。

[5] 見《亢倉子・訓道篇》。

[6] 見毛澤東《紀念白求恩》（《毛澤東選集》第2卷，人民出版社1991年版，第
    660頁）。

權力是個神聖的東西

（二〇〇七年二月九日）

　　中國古代有一種哲理：國家之權乃是“神器”，是個神聖的東西，非“凡夫俗子”所能用。黨員領導幹部務必珍惜權力、管好權力、慎用權力。正確行使權力，掌權為公、用權為民，則群眾喜、個人榮、事業興；錯誤行使權力，甚至濫用權力，掌權為己、用權於私，則群眾怨、聲名敗、事業損。

　　秉公用權、廉潔從政，是領導幹部應該具備的基本素質。早在二十世紀六十年代，鄧小平同志就語重心長地告誡全黨說：“我們拿到這個權以後，就要謹慎。不要以為有了權就好辦事，有了權就可以為所欲為，那樣就非弄壞事情不可。”[1] 這些年有的領導幹部犯錯誤，恰恰都與亂用權有關。各級領導幹部對待權力一定要如履薄冰、如臨深淵，做到慎用權、善用權、用好權，既要管好自己，又要防止他人利用自己的權力和職務影響謀取非法利益。要樹立權力就是服務的意識，經常想一想自己手中的權力是從哪裏來的、應該為誰所用這個重要問題，自覺做到用權為公而不為私。要遵守權力使用的紀律規定，嚴格執行民主集中制，討論問題講民主，進行決策講程序，執行決議講紀律。要牢記權力就是責任的理念，用權要接受監督，確保權力行使不偏離正確方向，確保權力行使的神聖性。

【註釋】

[1] 見鄧小平《在擴大的中央工作會議上的講話》(《鄧小平文選》第 1 卷,人民出版社 1994 年版,第 303—304 頁)。

生活情趣非小事

（二〇〇七年二月十二日）

　　風成於上，俗形於下。領導幹部的生活作風和生活情趣，不僅關係著本人的品行和形象，更關係到黨在群眾中的威信和形象，對社會風氣的形成、對大眾生活情趣的培養，具有"上行下效"的示範功能。這方面的逸事較多，有兩則小典故至今讀來仍有強烈的警示意義。一則是《宋人軼事彙編》記載：錢俶進寶犀帶，太祖曰："朕有三條帶，與此不同。"俶請宣示，上笑曰："汴河一條，惠民河一條，五丈河一條。"俶大愧服。另一則是《南村輟耕錄·纏足》記載：李後主嬪妃窅娘纖麗善舞，後主令窅娘以帛繞腳，素襪舞雲中，迴旋有凌雲之態。"由是人皆效之，以纖弓為妙，以不為者為恥也"。這兩則典故一正一反，說明了領導人在生活細節上體現出來的態度，決不是小事。

　　一名領導幹部的蛻化變質往往就是從生活作風不檢點、生活情趣不健康開始的，往往都是從吃喝玩樂這些看似小事的地方起步的。如果領導幹部生活作風上不檢點、不正派，在道德情操上打開了缺口，出現了滑坡，那就很難做到清正廉潔，很難對社會風氣起到正面引導和促進作用。在當前複雜的社會環境下，各級領導幹部要加強思想道德修養，注重培養健康的生活情趣，正確選擇個人愛好，慎重對待朋友交往，明辨是非，克己慎行，講操守，重品行，時刻檢點自己生活的方方面面，始終保持共產黨人的政治本色。

群眾呼聲是作風建設的第一信號

（二〇〇七年三月十九日）

在土地革命時期，毛主席就曾明確提出："我們應該深刻地注意群眾生活的問題，從土地、勞動問題，到柴米油鹽問題……一切這些群眾生活上的問題，都應該把它提到自己的議事日程上。""就得和群眾在一起，就得去發動群眾的積極性，就得關心群眾的痛癢，就得真心實意地為群眾謀利益，解決群眾的生產和生活的問題，鹽的問題，米的問題，房子的問題，衣的問題，生小孩子的問題，解決群眾的一切問題。"[1] 這說明切實解決群眾關心的生產生活問題，這是我們黨一以貫之的優良傳統，這也是我們當前加強作風建設的一個重要突破口和檢驗作風建設成效的重要標準。

當前，"作風建設年"活動已在全省全面展開，深入推進。各地各部門要根據實際情況，突出重點，選準切入點，切實做好體察民情、了解民意等工作，傾聽群眾呼聲，關心群眾疾苦，把群眾的呼聲作為作風建設的第一信號，把群眾的需要作為作風建設的第一需求，堅持把民生問題放在首位，以群眾關心的熱點和難點問題為工作重點，有什麼問題就重點解決什麼問題，群眾需要什麼就重點幫助解決什麼，使作風建設的成果惠及群眾，真正讓群眾受益，使群眾滿意。

【註釋】

[1] 見毛澤東《關心群眾生活，注意工作方法》（《毛澤東選集》第 1 卷，人民出版社 1991 年版，第 138—139 頁）。

領導幹部是作風建設的主體

（二〇〇七年三月二十一日）

當前，自下而上進行的鄉鎮、縣和市領導班子的集中換屆工作即將全面完成。新的領導班子和領導幹部有什麼樣的作風、展示什麼樣的形象、追求什麼樣的業績，是廣大黨員群眾十分關注的問題，也是新任領導班子和領導幹部必須首先面對和回答的問題。

為了進一步加強領導班子和領導幹部作風建設，體現領導帶頭、率先垂範的要求，省委專門在市、縣領導班子中開展以"團結和諧幹在實處、科學發展走在前列"為主要內容的"樹新形象、創新業績"主題實踐活動，以此作為全省"作風建設年"活動的重要內容，這是加強思想政治建設的現實需要，也是對領導幹部提出的明確要求。領導幹部是作風建設的主體，應積極投身於"作風建設年"活動之中，恪盡職守，勤勉自勵，既自覺承擔起作風建設宣傳發動、組織實施和監督檢查等職責，又努力做良好風氣的模範實踐者和積極營造者，以進一步改進工作、轉變作風、樹立形象，增強凝聚力、戰鬥力、號召力。領導幹部既要嚴格要求自己，也要嚴格要求他人，要求別人做到的，自己首先要做到；禁止別人做的，自己堅決不能做。要防止隔岸觀火光吆喝、捲起袖子不幹活的現象，帶頭把自己擺進去，既抓好本級，又帶好下級，一級帶著一級幹，一級做給一級看，真正做到以身作則、率先垂範，切實發揮領導班子和領導幹部在作風建設中的引領和主體作用。

新官上任要善於"瞻前"、注意"顧後"

（二○○七年三月二十三日）

當前，各地自下而上集中換屆產生的新一屆領導班子，擔負著全面落實科學發展觀、組織實施"十一五"規劃的重任，肩上的擔子不輕，更加需要領導幹部振奮精神、鼓足幹勁、開拓創新。現代化建設好比馬拉松接力賽，需要領導幹部一任接一任地帶領群眾跑下去，而每一任領導幹部接過的只不過是漫長的接力賽中的短暫一棒而已。所以，領導幹部上任伊始，一定要保持清醒頭腦，培養"接力意識"，既要善於"瞻前"，也要注意"顧後"，團結帶領本地本部門的幹部群眾在科學發展的軌道上奮力奔跑。

領導幹部要善於"瞻前"，既不搞"一個師公一道法"，也不刻意搞"新官上任三把火"。對於前任留下的工作，只要是符合黨的事業和群眾利益的，符合實際情況的，就要遵循客觀規律，尊重群眾意願，多多"添柴"而不胡亂"起灶"，不求個人"風光"而是一以貫之地幹下去。領導幹部還要注意"顧後"，努力培養長遠的眼光和全局的思維，按照科學發展觀的要求，致力於推動本地本部門又好又快發展，為後任多打些基礎，為後代多留些財富，真正做到"為官一任，造福一方"。

領導幹部要放下"架子"、做好"樣子"

（二〇〇七年三月二十四日）

群眾看一名幹部是否稱職，其中一個重要方面是看其"官樣子"做得好不好，有沒有"官架子"。現在確實有少數領導幹部在群眾中的形象不是很好，"官樣子"不怎麼的，"官架子"倒不小。

"樣子"與"架子"，表面上看有點相似，內在的含義則有天壤之別。"樣子"是好的形象，是群眾歡迎的形象，不是外表，而是指幹部的德才和實績。"架子"則是徒有其表，而且是群眾不歡迎的形象。群眾心中"官樣子"好的幹部，就是那些政治堅定、能力突出、作風過硬、善於領導科學發展的幹部。這在牛玉儒、鄭培民、鄭九萬等一大批黨和人民的優秀幹部身上得到了生動的詮釋。但是也有少數幹部走上領導崗位後，滋生了"當官做老爺"的封建習氣，像模像樣地端起了"官架子"，獨斷專行，脾氣越來越壞，生活要求越來越高，與下屬和群眾越來越遠。我們要始終牢記，心繫群眾魚得水，背離群眾樹斷根。事實充分證明，領導幹部做好"樣子"，其同群眾的關係就密切，工作起來就會得心應手；"官架子"大，其同群眾的關係就疏遠，工作起來就會舉步維艱。

各級領導幹部要做胡錦濤總書記所倡導的八個方面良好風氣

的模範實踐者和積極推動者，切實轉變作風，密切黨群、幹群關係，盡心盡力為群眾辦實事、辦好事，放下"架子"親民愛民，做出好"樣子"率先垂範。

既重務實，又善務虛

（二〇〇七年三月二十四日）

我們在工作中講求務實，是克服官僚主義、密切聯繫群眾的良好作風。但是如果過分強調"埋頭拉車"，忽視"抬頭看路"，那就會陷於千頭萬緒的事務泥潭而不可拔。我們的一些領導幹部常年辛勞，夙興夜寐，卻又打不開局面，究其原因，往往是出在沒有處理好務實與務虛的關係上。

我們平常說的務實，是指從事某項工作時，能夠注重一切從實際出發，說實話、辦實事、想實招、求實效。而務虛，則常指在某項工作實際開展之前，先從理論上、思想上、政治上、政策上進行學習、思考、研究、討論，以求統一思想、凝聚共識、增強信心、鼓舞士氣。如果說務實是"決勝千里之外"的實踐，那麼務虛則是"運籌帷幄之中"的謀劃，兩者可謂並蒂之花、相輔相成，辯證統一於全部領導活動之中。務實是務虛的出發點和歸宿，務虛的目的就是為了更好地務實；而務虛是務實的前提和基礎，沒有做好務虛，務實就如同無頭蒼蠅，只能盲目瞎轉。正如馬克思所說，人比蜜蜂不同的地方，就是人在建築房屋之前早在思想中有了房屋的圖樣。這個設計"圖樣"的過程，也就是務虛的過程。可見，務虛作為一種方法論，與務實一樣，對任何領導幹部來說都是至關重要的。

　　總之，各級領導幹部既要重務實，又要善務虛，把務實與務虛有機結合起來，就實論虛，以虛率實，才能做好各項工作，不辜負組織的信任和人民的期望。

"書呆子"現象要不得

（二〇〇七年三月二十五日）

　　恩格斯有一句名言：我們的理論不是教條，而是行動的指南。列寧稱這是"經典性的論點"。實際上，它講的就是理論聯繫實際的學風。可現實生活中卻存在著一種奉行本本和教條的"書呆子"現象。有一些黨員，特別是少數領導幹部，雖然都有一定的文化水平，也經常讀書，但卻沒有真正做到"求知善讀"，不是專注於死讀書、讀死書，就是生搬硬套、照抄照搬，還有的紙上談兵、華而不實。"書呆子"現象在領導幹部中的存在，不但害人害己、影響工作，而且危害長遠、影響惡劣。追根溯源，這種現象反映出來的是學風上的問題，也就是理論與實際嚴重脫離。不讀書要不得，"書呆子"現象也要不得。讀書不是一件容易的事，要切實加強對馬克思主義的學習，重視學習的針對性和指導性，善於用馬克思主義的立場、觀點、方法認識和解決遇到的問題。要充分考慮生動的實際生活和現實的確切真實，注重研究新情況，認真分析新問題，積極尋求新對策，努力做到知行合一，理論聯繫實際，實實在在地做事情，盡心盡力地幹工作，而不是熱衷於追求熱鬧，只擺花架不種花，只擺譜架不彈琴。

追求“慎獨”的高境界

（二〇〇七年三月二十五日）

　　《禮記》^[1]有云：“莫見乎隱，莫顯乎微，故君子慎其獨也。”黨員幹部要“慎獨”。黨員幹部特別是領導幹部手中往往掌握一定的權力，不僅要主動接受組織、制度的監督，而且還要不斷加強自律，做到台上台下一個樣，人前人後一個樣，尤其是在私底下、無人時、細微處，更要如履薄冰、如臨深淵，始終不放縱、不越軌、不逾矩。劉少奇^[2]同志在《論共產黨員的修養》中就將“慎獨”作為黨性修養的有效形式和最高境界加以提倡，他說：“即使在他個人獨立工作、無人監督、有做各種壞事的可能的時候，他能夠‘慎獨’，不做任何壞事。”黨員幹部都要努力做到“慎獨”。首先，要堅定理想信念，樹立明確的政治方向，遵守鮮明的政治原則，珍惜個人的政治生命，以形成內在的“定力”。其次，要時刻反躬自省，就像古人講的“吾日三省吾身”^[3]，自重、自省、自警、自勵，潔身自好，存正祛邪，注重修身養德，增強防腐拒變的“免疫力”。同時，還要辦事公開透明。黨員幹部也是普通的人，難免存在各種弱點，會犯各種錯誤，而陽光是最好的防腐劑，只要辦事講民主、講程序、講紀律，避免暗箱操作、上下其手，就能減少各種誘惑的“滲透力”，防腐拒變才不會成為一句空話。

【註釋】

[1]《禮記》，是中國儒家經典之一，是研究中國古代社會情況、典章制度和儒家思想的重要著作，闡述的思想包括社會、政治、倫理、哲學等方面內容。

[2] 劉少奇（1898—1969），湖南寧鄉人。馬克思列寧主義者，中國無產階級革命家、政治家、理論家，中國共產黨、中華人民共和國的主要領導人。

[3] 參見本書《用思想武器管好自己》註1。

責任編輯　楊　昇

書籍設計　吳冠曼

書　　名　之江新語

著　　者　習近平

出　　版　三聯書店（香港）有限公司

　　　　　香港北角英皇道 499 號北角工業大廈 20 樓

　　　　　Joint Publishing（H.K.）Co., Ltd.

　　　　　20/F., North Point Industrial Building, 499 King's Road, North Point, Hong Kong

香港發行　香港聯合書刊物流有限公司

　　　　　香港新界荃灣德士古道 220-248 號 16 樓

印　　刷　美雅印刷製本有限公司

　　　　　香港九龍官塘榮業街 6 號海濱工業大廈 4 字樓

版　　次　2020 年 12 月香港第一版第一次印刷

規　　格　16 開（170 × 240 mm）336 面

國際書號　ISBN 978-962-04-4614-6（平裝）

　　　　　ISBN 978-962-04-4767-9（精裝）

　　　　　© 2020 Joint Publishing（H.K.）Co., Ltd.

　　　　　Published in Hong Kong